사랑만 하다 가기도 짧은 인생을

현대수필가100인선 · 82

사랑만 하다 가기도 짧은 인생을

한계주 수필선

좋은수필사

■ 책머리에

수필은 누구나 부담 없이 읽고, 마음만 먹으면 직접 쓸 수도 있는 가장 친근한 문학이다. 다른 영역의 문학이 영상매체에 밀려 신음하고 있는 중에도 수필 인구만은 날로 증가하여 바야흐로 수필 전성시대를 구가하고 있는 이유도 거기에 있을 것이다.

시대적 추세에 힘입어 수많은 수필전문지, 수필동인지가 창간되고, 이에 비례하여 신진 수필가도 날로 늘어나다 보니 이제는 그 많은 작가, 그 많은 작품 중에서 문학성 높은 작품을 가려 읽는 일이 쉽지 않게 되었다. 이런 현상은 작가에게나 독자에게나 결코 바람직한 일이 아니다. 더 나아가서는 수필을 연구하는 후세들에게도 큰 부담이 될 것이다.

이런 문제를 해결하는 데는 출판인도 마땅히 한몫을 감당해야 한다는 평소의 소신에 따라, 본사가 기꺼이 그 역할을 맡기로 했다. 그 첫 번째 사업으로 시대를 대표할 만한 수필가 100인을 선정하고, 작가가 자선한 40편 내외의 작품을 수록한 문고본을 발간하여 이를 널리 보급함으로써 그 소임을 다하고자 한다.

본사는 사명감을 가지고 이 사업을 추진해 나가기로 했다. 작가 선정을 전담할 편집위원회를 구성하고 전권을 위임하여 일체의 사적인 정실이나 청탁을 배제함으로써 전문성과 공

정성을 확보해 나갈 것이다.

따라서 이 기획물 속에는 작가의 문학정신뿐만 아니라, 본사의 문학사적 기여 의지와 편집위원 제위의 수필문학에 대한 애정과 문인으로서의 양심이 함께 담겨 있음을 자부한다. 다만, 작가를 선정하는 기준에는 많은 견해의 차이가 있을 수 있고, 선정 과정에서도 미처 챙기지 못한 부분이 있을 것이라는 사실만은 인정하지 않을 수 없다. 이 점에 대해서는 관계자 여러분의 양해 있으시기 바란다.

이 시리즈의 발간 순서는 작가, 또는 본사의 사정에 의한 것일 뿐 그 밖의 어떤 기준도 적용하지 않았음을 밝힌다.

본 기획물이 시대를 초월한 많은 수필 애호가들의 관심과 애정 속에 우리나라 수필문학 발전에 한 이정표가 되기를 바랄 뿐이다.

2010년 9월

좋은수필 발행인 서 정 환

현대수필가 100인선 간행 편집위원 박 재 식 최 병 호

정 진 권 강 호 형

변 해 명

| 차례 | 현대수필가100인선 · 82

1_부

2_부

3_부

4_부

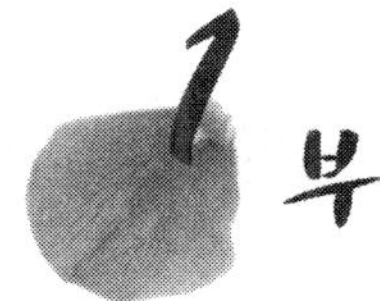

1부

하나의 얼굴

날씨도 덥고 심심하시죠, 하면서 보람아빠한테서 메일이 왔다. "자연 풍경 감상하시고 마지막 그림을 주목해 주세요."라는 댓글을 달고.

첫 번째는 활짝 핀 해바라기와 호랑나비가 어우러진 그림이고, 두 번째 그림은 풀이 마른 것을 보면 늦가을인 듯, 겨울 나려고 돌산을 타고 올라가는 작은 짐승이 안쓰럽다.

세 번째 네 번째…, 뒤로 넘어가면서 각각 다른 장면들이 펼쳐진다. 사나운 짐승이 있나 하고 선뜻 나서지 못하고 굴 속에서 바깥 동정을 살피는 너구리 형제가 있고, 누가 찾아오지 않나 하고 무료한 얼굴로 기다리는 산토끼, 나무 뒤에서 고개를 살짝 내민 부엉이도 있다.

그런가 하면 배고프다, 이제 슬슬 나가 볼까 하고 출동차비를 차리는 곰이 있고, 어떤 놈이든 만나기만 하면 단번에, 하고 눈을 부라리는 호랑이도 있다. 눈매가 사납기는 먹이를 노리는 독수리도 만만치가 않다.

그런 가운데도 바위 틈 청류에서 노니는 물고기와 맑디맑은 계곡물에 발을 담근 소녀의 모습은 이런저런 상념을 말끔히 씻어 준다. 그 청량감도 잠깐, 화면은 바뀌어 코브라 · 사자 · 늑대 · 도마뱀 등 수많은 동물들이 등장하고, 그들 간의 먹고 먹히는 살벌한 장면이 벌어진다.

마지막 카드를 넘기니 "위 그림을 다 합치면 아래 그림이 나옵니다." 하고 화면 가득히 아름다운 여인의 얼굴이 등장한다. 열여섯 장의 동물 퍼즐로 한 여인의 얼굴을 만들어낸 것이다.

그 많은 그림들이 한 여인의 모습으로 나타난 것도 신기하고, 겉은 멀쩡한 여인 속에 잔인하고 포악한 얼굴들이 진을 치고 있다는 것도 놀랍다. 겉과 속이 이렇게 다를 수가 있는가. 마치 네 속이 이렇다 하고 까발려 놓은 것 같아 섬뜩하다.

화가는 인간의 본능과 욕망 · 갈등 등, 다양한 내면세계를 동물에 빗대어 적나라하게 표현하고 있다. 그도 처음부터 이런 삭막한 그림을 그리고 싶지는 않았을 것이다. 속도 박 속처럼 하얗고 순결한 관음보살이나 성모마리아 상을 그리고 싶었던 것은 아닐까. 그러기엔 그가 현실에서 건질 수 있는 '아름다운 카드'가 턱없이 부족했던 것이리라.

2007

고요에서 듣는다

이와 같이 들었사오니

사진에 대해서 내가 아는 것은 셔터만 누르면 된다는 그 정도다. 디지털 카메라가 생기고는 더욱 그렇다. 원고지나 캔버스를 빌려 자신을 표현하는 글이나 그림과는 달리 '찰칵'하고 순간을 포착하는 사진은 보다 쉬운 작업이려니 했다.

나의 어설픈 생각과는 달리 오늘날의 사진은 사실寫實을 넘어 렌즈를 통해 작가의 의식 세계를 표현한다. 화선지나 붓을 필요로 하지 않기에 렌즈를 통한 작가의 욕구는 보다 강렬하고 치열한 것 같다. 불경의 여시아문如是我聞, '이와 같이 들었사오니'를 주제로 삼은 〈한정식 사진전〉에서 나는 그런 느낌을 강하게 받았다. 그는 "산에서는 물도 풀도 돌도 모두 고요하다.

사람도 산에 들면 그 고요에 젖는다."며, 즐겨 절간의 '고요'를 찾는다.

금강경에는,

> 형상이 있는 것은 모두가 허망하다. 모든 상이 상 아님을 본다면 곧 부처를 본다(凡所有相이 皆是虛妄이니, 若見諸相이 非相이면 卽見如來하리라) 하였다.

한정식 작가도 말한다.

"사진이 그렇다. 눈앞의 사물이 사물 아님을 깨닫는 순간 사진은 찍힌다." 그의 작품은 상이 아님을 보는, 형상을 벗어나는 데서 출발한다.

전시장에 들어서니 먼저 눈에 들어오는 것이 사찰 마당에 걸어놓은 연등의 그림자다. 이 사진의 포커스는 등이 아닌 등이 드리운 그림자다. 해가 머리 위에 작렬했을 때 셔터를 누른 듯 등은 둥글고 검은 그림자를 땅 위에 짙게 드리우고 있다. 그림자 속에 더욱 간절하게 녹아 있는 중생의 염원을 그는 놓치지 않고 포착했던 것이다.

흑백으로 표현되는 그의 작품들은 좋은 사진을 찍겠다는 욕심을 버린 듯, 보탠다거나 뺀다는 작위 없이 있는 그대로를 담았다. 터지고 갈라진 대들보의 나뭇결은 수백 년의 중후한 세월을 증명하고, 갈라지고 찌든 대문은 거쳐 간 수많은 사람들의 애환을 소리없이 반영한다.

어느 동승이 쓸고 간, 빗자루 자욱이 선명한 뜨락엔 못다 버린 미련이 있다. '대나무 그림자는 계단을 쓸어도 먼지가 일지 않는다(竹影掃階塵不動)' 했는데, 번뇌를 벗지 못한 속인의 빗자루는 정직하게도 몇 점의 찌꺼기를 남겼다.

둥근 고리가 꾸불꾸불 이어진 색다른 사진도 있다. 이게 뭔가, 귀고리치고는 너무 길다 했는데 눈여겨 보니 대나무 발을 옆에서 찍은 것이다. 대나무의 단면에 초점을 맞추어 고리 하나하나에 담긴 낱낱의 사연에 귀를 기울이는 작가의 측은지심!

태극마크가 그려진 큰 법고는 가만히 있어도 소리가 난다. 둥둥 두둥둥, 88올림픽 개막식을 알리던 웅장한 북소리를 우리는 이 법고에서 듣는다.

'고요'에서 작가가 찾고자 하는 것은 무엇인가. 들리지 않은 소리를 듣고 보이지 않은 것을 보고자 함이 아닌가. 작가는 많은 세월을 이거다, 하는 대상을 찾아 헤맸을 것이다. 그러다 어느 순간 돌도 나무도 지붕도 기와도 새로운 모습으로 다가왔다. '산은 산, 물은 물'로 그의 눈을 귀를 열게 한 것이다. 어느 날인들 해와 별이 바람이 없었으랴만 마음 있어 보고 마음 있어 듣는다. 한정식의 사진은 그렇게 해서 태어난 것이리라.

'고요' 시리즈

소리없는 고요가 존재하는가.

정지되어 있는, 숨을 쉬지 않는 물은 물이 아니다.

나무 잎사귀 하나가 잔잔한 수면에 작은 파문을 일으킨다. 그 미세한 움직임이 고요를 불러들인다.

돌이 있고 바위가 있고 물이 있다. 돌은 말이 없고 물도 말이 없다. 바람이 일으키는 잔잔한 파문이 그들이 주고받는 선문답이다. 번뇌에서 벗어나 적정寂靜에 이르고자 하는 선의 세계를 그는 물과 돌, 바위로 대신했다.

바위는 침묵한다. 침묵 속에 말이 있다. 억겁 세월을 지켜본 침묵의 지혜가 있다.

'이와 같이 들었사오니'에 이은 한정식의 '고요 시리즈'는 말로 할 수 없는 선禪의 경지를 영상으로 담고자 했다.

말이 없어 더 많은 것을 말해 주는 그 피사체들.

2009

사이코패스

낯선 슈퍼에서 물건을 샀을 때 일이다. 여기저기 둘러 보고 이것 저것 주워담다보니 어느새 밖에 나와 있었다. 계산대를 거치지 않고 나왔는데도 불러세우는 사람이 없었다. 들킬까 조마조마하고 두리번거렸다면 금방 눈에 띄었을 터인데. 도둑질도 이렇듯 태연하게 하면 잡히지 않겠구나.

그때 문득 거짓말 탐지기도 믿을 것이 못 된다는 생각이 들었다. 작은 저지래를 하고도 얼굴이 붉어지거나 가슴 두근거리는 사람에게나 먹혀들까, 거짓인 줄 모르고 하는 사람, 거짓말을 참말처럼 아무렇지 않게 하는 사람에게는 통하지 않을 것이다.

얼마 전 부녀자 여덟 명의 목숨을 앗아간 연쇄살인범 황 아무개의 얼굴이 공개된 일이 있다. 그는 여덟 명 외에도 장모의 집을 불질러 장모와 아내를 타죽게 하고 거액의 보험금을 타간 사실이 있다. 공개 여부에 대해서는 잘했니 못했니 하고 뒷말이 많았지만 내게는 좋은 공부가 되었다. 그런 흉악범이라면 으레 험상궂고 음산하리라는 예상을 뒤엎고 순하고 성실하고 탤런트 못지 않게 얼굴도 고왔다. 차 잡기 불편한 곳에서 정중히 "타시죠." 했다면 "고맙기도 해라."하고 순순히 탔을 바로 그런 얼굴이었다. 피해자 대부분이 그 선량한 얼굴에 말려들었을 것이다. 그 자리에 있었다면 나 역시 그렇게 되었을 것이라는 생각에 소름이 끼쳤다.

그를 아는 동네사람 모두가 착하고 친절한 사람으로 알고 있었다. 얼굴을 보면 사람 됨됨이를 알 수 있다는 말도 그에게는 해당이 되지 않았다. 어쩌면 저토록 감쪽같을 수가 있을까.

요즘들어 사이코패스라는 말이 심심찮게 매스컴을 탄다. 그런 증상을 가진 환자는 자책감이나 두려움 같은 것을 느끼지 않고 태연히 범죄를 저지른다고 한다. 황 아무개도 그랬다. 10명을 참혹하게 살해하고도 전혀 반성의 빛이 없었다. 원한이 있는 것도 아니고 왜 죽였느냐는 검사의 말에 그는 태연히 "사람이 사람을 죽이는 데 꼭 이유가 있어야 하는 겁니까?" 하고 되묻더라는 것이다. 그러면서 "다시 태어나면 살인을 계속하겠다."고 했다는 것이다.

그는 화술이 뛰어나서 한 시간만 얘기하면 여성의 호감을 얻는다고 자랑스러워 했다 한다. 한 여인에게는 호감을 가지기도 했는데, 오늘은 누구를 만나도 죽인다는 생각을 하고 있었기에 죽였다고도 했다. 꿩이나 사슴을 사냥하듯 인간사냥을 아무렇지 않게 자행한 것이다.

어느 드라마에 나오는 사이코패스도 겉으로 보기는 멀쩡했다. 최고의 지성을 갖춘 세련된 기업인으로 등장하는 그 젊은이는 어느 순간 앞뒤 가릴 줄 모르는 살인마로 변한다. 그런 흉악범들의 인상이 범죄형이 아니기에, 언제 어디서 어떻게 변할지 예방조차 할 수 없기에 더욱 두렵다.

인간에게는 자신도 의식하지 못하는 많은 인자가 숨어 있는 것 같다. 얼마전 TV화면이 어느 양돈장을 비쳐준 일이 있다. 슬라브로 지은 대형 돈사는 돼지 한 마리가 겨우 서 있을 정도로 좁은 60센티 폭으로 칸막이가 되어 있었다. 수백마리의 돼지가 좁디좁은 공간에서 움직이지도 못하고 옆의 돼지와 얼굴을 마주할 수도 없이 오직 주는 사료를 먹고 살을 불리는 것으로 목숨을 부지하고 있었다.

새끼를 가질 때가 된 암퇘지는 수퇘지와의 교미도 없이 인공수정으로 수태가 이루어지는데, 그때 수퇘지 한 마리를 풀어놓았다. 수퇘지를 보고 흥분하는 암퇘지에게 주사를 놓아 수정효과를 높이자는 것인데, 참으로 못할 짓을 한다는 생각이 들었다. 짐승이라지만 그들도 감성이 있는 엄연한 생명체가 아닌가.

암퇘지가 새끼를 낳을 때가 되면 분만실로 보내지고, 새끼를 낳은 어미는 젖을 물리지도 못하고 새끼와 격리된다. 곧바로 다음 새끼 가질 준비를 해야 한다.

초식과 육식을 겸하는 인간이 소나 돼지를 잡아먹는 것은 어쩔수 없는 일이다. 그래서 가축으로 키우는 것이지만 잡을 때 잡더라도 살아 있는 동안은 짐승다운 삶을 살게 해야 하지 않는가. 자연의 섭리에 따라 햇볕 잘 드는 우리에서 맑은 공기 마시며 살을 찌우게 해야 하지 않겠는가.

근대화된 축사는 가축을 공장에서 뽑아내는 공산품으로 착각하는 것 같다. 짧은 시간에 많은 생산량을 올리는 도구로밖에는 생각을 않는다. 사료에 인삼을 섞을 것도 약초를 섞을 것도 없이 자연을 돌려주는 것이 최상의 영양분인데.

광우병이나 조류독감만 겁낼 일이 아니다. 내 의식 속에 생명을 생명으로 여기지 않는 잔인한 성정性情이 각인될 것이 더욱 두렵다.

다큐멘터리를 보면서 사람으로 산다는 것이 죄스럽게 여겨져 마음이 편치 않았다. 그러나 그 생각은 잠깐이고 밥상을 대하면 고기에 먼저 손이 가니 오랜 세월 익힌 습성은 어쩌지 못하는 모양이다.

DNA는 2억만 년 세월의 기억을 담고 있다고 한다. 나를 구성하는 인자들이 억겁세월을 윤회하면서 수도 없이 몸을 바꾸었을 것이니 어떤 것이 저장되어 있을지 조심스럽다. 남의 생명을 빼앗고도 뻔뻔스런 사람들을 마구 비난하지 못하는 심리 밑바닥에는 자기 안에도 그런 인자가 잠재되어 있을지도 모른다는 '불안' 때문일 것이다.

2009

아내의 날개

결혼을 앞둔 어느 날, 약혼자인 그 남자가 말했다.

“여자는 봉사 삼 년, 귀머거리 삼 년, 벙어리 삼 년은 살아야 한다는데….”

순간 눈물이 내 찻잔 위에 떨어졌다.

“이를테면 그렇단 말이지, 그런 시집살이를 시키겠다는 것은 아니잖아.”

내 눈물을 보자 그는 얼른 그 말을 취소했다. 그러나 그저 해 본 소리가 아니라는 것을 결혼을 하자 이내 알게 되었다.

결혼 전까지도 나는 앉은 일보다 선 일에 관심이 많아서 이것저것 기웃거리고 다니는 것을 즐겨했는데, 남편은 바퀴 달린 사람을 자기 새장 속에 가두어 두려 하였다. 25년 동안 그려온 나의 자화상을 그는 흑판의 그림 지우듯 너무 쉽게 지우려 들었다. 남편을 위해 머리를 빗고, 화장을 하고, 밥상을 차리고, 남편만 바라보는 해바라기이기를 바랐다. 그에게는 내가 누구라는 것보다 그의 여자라는 것이 중요했다.

염소는 끈의 길이만큼 살이 찐다고 한다. 끈이 짧으면 풀을 뜯는 범위가 그만큼 줄어든다. 너나없이 '나'를 살리려고 하는 개성시대에 나는 '나'를 지우는 데 많은 시간을 보내야 했다. 부부란 누가 옳으냐 아니냐를 떠나서 서로 톱니바퀴처럼 이가 맞물려야 한다는 것을 뒤늦게야 알았다. 남편이 허용하는 끈의 길이와 내가 바라는 날개가 바뀌었더라면 우리는 서로 괜찮은 상대로 행세할 수 있었을 터인데.

이솝 우화가 따로 없다. 접시에 음식을 담아 두루미에게 권한 여우와 주둥이가 긴 병 속의 고깃국을 여우에게 대접한 두루미. 여우와 두루미가 만나 기껏 생각한다는 것이 그 모양이다. 여우와 두루미가, 아니 인간이란 얼마나 자기 본위의 존재인가. 우리 부부 역시 그랬다. 자기의 틀에 상대방이 맞추어 주기를 바랐으니까.

결혼 생활 몇십 년이 되어도 집안 일이 몸에 배지 않으니 나도 문제다. 한 끼 두 끼도 아닌 세 끼를 상 차리고 설거지하고 청소에다 빨래, 그렇게 서성거리다 나의 하루는 간다. 이렇다 할 흔적도 없이 내 생활이 무산되는 것 같아 억울하다는 생각이 든다. 결핍으로 해서 비로소 그 존재를 인정받게 되는 '비타민' 같은 존재에 만족하기에 나는 너무 욕심이 많은 사람인가 보다.

내게는 나와는 전혀 다른 언니가 있다. 언니는 가족들에게 그렇게 헌신적일 수가 없다. 언니의 경우는 '헌신'이라는 말이 타당하지 않을지도 모른다. 가족을 위한 삶이 바로 언니 자신의 삶이었으니까.

얼마 전 퇴임식 석상에서 형부는 긴 교직생활을 대과없이 정년으로 마무리할 수 있었던 공을 아내와 아이들에게 돌렸다. 형부의 직장 관계로 외지생활이 잦았던 언니네는 대구와 서울에서 수학하는 아이들 때문에 두 집이나 세 집 살림을 해야 할 때가 많았다. 자취하는 아이들 이불 빨래며 밑반찬 챙겨 서울과 대구를 번갈아 오르내려야 했고, 남편 뒷바라지에 많은 손님 치다꺼리까지 혼자 손으로 치러야 했던 언니는 일이 쉴새없이 꼬리를 물었지만 언짢아하는 기색이 없었다.

부모의 근검한 삶은 아이들에게 이어져, 그들은 과외라는 것을 모르고 모두가 선망하는 대학을 그것도 장학생으로 마쳐 부모의 부담을 덜어 주었고, 근로소년들의 학구열에 귀중한 시간을 할애하는 넉넉한 사람으로 자랐다. 챙기려 들지 않았지만 '언니의 몫'은 교육자로서 보람있는 삶을 살아온 남편과 열심히 살아가는 아이들 속에 널리 자리잡고 있다.

언니를 생각하니 새삼 내가 부끄럽다. 서 있는 자기 자리에 뿌리내릴 생각은 않고 언제까지 멍하니 창밖을 보고 있는가.

그러고 보니 이순의 나이가 되어도 꿈에서 헤어나지 못하는 아내를 흔들어 깨우지 않는 남편도 무던하다. 그는 한번도 '자기의 날개'를 주장한 일이 없다. 더러는 가장의 짐을 벗고 어디론가 훌쩍 떠나고 싶은 유혹을 느꼈으련만.

"구름아 너에게는 말 안 듣는 아이와 바가지 긁는 마누라가 없니. 어쩌면 만사를 잊고 훨훨 다니니"하고 읊는 시인도 있다. 어느 날 갑자기 증발해 버렸다는 '가장의 실종'이 남의 이야기가 아니다.

누구나 하고 싶은 일만 하고 사는 것은 아니다. 이제 그만 환상의 나래를 접고 보다 살뜰한 아내와 어머니로 자신을 정착시킬 때도 되지 않았는가.

그런 다소곳한 마음은 잠깐이고, 공부 안 한다고 매를 맞고도 돌아서면 나가 노는 아이들처럼 내 마음은 어느새 저 창공에 가 있다.

1991

감

높아진 하늘과 붉게 타오르는 단풍, 그윽한 국화 향기며 알알이 차서 머리 숙인 벼이삭….

계절을 받아들이는 감성은 사람 따라 다르겠지만 내게 있어 가을은 언제나 감과 더불어 온다. 어쩌다 도심에서 노을빛으로 물든 감나무를 만나게 되면 마음은 어느새 고향집 마당에 가 있다.

내가 태어난 곳은 감곳으로 알려진 경북 청도의 어느 한적한 마을이다. 백여 가구가 옹기종기 모여 사는 그 고장은 마당과 골목길을 덮은 감나무로 가을이면 온통 붉게 익어갔다. 그런 고장에서 자란 나의 어린 시절은 언제나 감과 더불어 되살아난다.

감나무와 사는 아이들은 일년내 감을 달고 살았다. 제철인 가을은 말할 것도 없고 겨울에는 차게 언 홍시가 어둠컴컴한 곳간 한구석에서 우리를 손짓하고, 봄이면 감꽃으로 엮은 목걸

이와 팔찌를 걸고, 여름철에는 장독대의 이 빠진 단지 속에 삭혀둔 풋감을 어른들 몰래 꺼내먹는 재미로 몰려다녔다.

설사에 좋다는 감을 줄곧 달고 살았으니 마을아이들은 너나 없이 변을 못 봐서 쩔쩔 맸다. 관장약이라는 것은 이름도 듣지 못하던 때라서 피마자기름 한 종지를 눈 감고 들여마시거나, 그것도 듣지 않으면 바지를 내리고 지금은 그 택호宅號도 잊어버린 동네 할머니의 시술施術을 받는 곤욕을 치러야 했다.

그때 우리 집 마당에도 감나무가 있었다. 그 중에도 우물가에 있는 그것은 아침저녁으로 쌀과 보리를 씻은 뜨물을 받아먹어서인지 덩치가 큰형뻘이나 되었다.

어머니가 나를 가졌을 때의 일이라고 한다. 살포시 낮잠이 들었는데 그 감나무에서 용이 스르르 내려와서 어머니에게 감기더라는 것이다. 그 자리에 있던 이웃집 할머니가 용을 얻었으니 용 용龍자 얻을 득得자로 이름을 지으라고 했다 한다. 큰 자식이 나올 줄 알았던 부모님에게 내리 세 번째 딸의 출현이 어떠했으리라는 것은, 돌림자인 구슬 주珠에 끝 계季를 붙인 것으로도 짐작이 간다.

감에 얽힌 이야기는 그 밖에도 또 있다. 나는 일제 말엽에 교육을 받았는데, 중학입시 '국어' 문제는 〈감〉이라는 글에서 출제되었다. "어머니가 감을 사 오셨다."로 시작되는 그 글은 첫 문장으로 짐작할 수 있듯이 "이런 글쯤이야."하고 지나쳐 버릴 아주 평범한 생활수필로 기억된다. 목조건물로는 가장 오래되었다는 호류지法隆寺와 그 절에 안치된 백제관음, 동양 삼대 미술품의 하나로 평가되는 금당金堂의 벽화- 그 관음불상이 삼국시대 백제에서 건너간 것이라거나 벽화를 그린 담징曇徵이 고구려의 승려였다는 사실은 전혀 언급이 없었다- 그런 어려운 대목만 달달 외우다시피 했지 누구도 〈감〉에서 출제될 줄은 몰랐다. 그것은 마치 주연 조연 다 제쳐두고 "여기 물 대령했습니다." 그 한 마디로 무대에서 사라지는 단역의 연기가 어떻더냐는 질문과도 같았다. 지금 생각하면 그 출제위원은 허를 찌르기 좋아하는 짓궂은 분이었거나, 쉬운 글이 더 어렵다는 것을 익히 아는 글 쓰는 분이었는지도 모른다.

복병을 만난 교실 안은 웅성거림과 한숨으로 바뀌었지만, 문장을 소화하지 않으면 답할 수 없는 그 문제는 소정의 성과를 십분 거두지 않았나 싶다. 숨소리도 없이 교과서 한구석에 움츠리고 있던 '감'은 그렇게 해서 존재를 과시했고, 지금껏 우리 동기생들의 기억의 한 자락을 차지하고 있다.

비단 맛과 빛깔만이 아니라 감 익는 마을에 살던 사람에게는 우물에 떨어지는 감 소리도 정겨운 고향의 소리로 남는다. 모두가 잠든 한밤의 정적을 깨는 소리, 나뭇가지에 매달린 감이 깊은 우물 속으로 떨어지는 그 청아한 소리는 고향을 떠난 후로는 듣지 못했다. 그러다 어느 연주회였던가, 숨죽인 청중 앞에 잠시 호흡을 가다듬은 연주자가 정신을 손끝에 모아 피아노 건반을, 그것도 단 한 음을 튕겼을 때의-정적에서 정적으로 사라지는-그 음향과 여운은 내게 오랫동안 잊고 있던 고향집 우물의 감 떨어지는 소리를 불러일으키게 했다.

얼마 전 입문한 서예반에서 호를 지으라는 말이 나왔다. '호'라는 것이 나와는 인연이 없는 남의 이야기로 알았는데, 붓 잡는 시늉이라도 한다고 아호를 권하니 황송하기도 쑥스럽기도 하다. 생각 끝에 감 고장에서 태어났으니 감나무 시柿자를 넣으면 어떨까 하는 생각을 했다. 그리고 근원近園, 오원吾園, 매원梅園 그런 분들을 떠올렸다. 그 호에서 園을 땄으면 하는 바람이었지만 용기가 나지 않았다. 그 뜰에 누가 될까 두려워서다.

언제쯤 나의 뜰에도 한 그루 감나무를 심게 될는지.

1992

매미소리

며칠째 오락가락하던 비가 그치고 날이 갰다. 창 밖에는 목련 잎들이 한가롭게 부채질하고 있다. 바람을 좇아 나도 마당으로 나갔다. 들고 있던 책을 펴놓고 파라솔 밑에 자리를 잡으니 매미소리가 요란하다.

올 여름은 유난히 덥다. 더위가 극성을 부리는 만큼이나 매미도 옥타브를 높인다. 한 놈이 우니 다른 놈이 따라 울고, 이 나무 저 나무에서 서로 질세라 목청을 높이니 그리 넓지 않은 공간은 단박에 신나는 소리마당으로 바뀐다.

〈오 솔레미오〉를 열창하는 파바로티가 있나 하면, 뒤따라 베토벤 〈합창 교향곡〉이 등장한다.

맴 맴 맴 맴 매엠, 맴 맴 맴 맴 매엠.

모두가 한 목소리를 내니 화음과 조화가 바로 음악이 아닌가 싶다.

일사불란한 대합창은 드라마 〈베토벤 바이러스〉에서 '자신이 곧 오케스트라' 임을 자처하는 강 마에스트로의 카리스마를 떠올리게 한다. 그 혼신의 소리에 담 밖을 지나는 자동차 소리도, 기승을 부리는 더위도 숨을 죽이고, 세상은 온통 매미 소리에 묻혀 버린다. 소동파는 폭포 소리에 문득 깨달음을 얻었다는데, 세상을 잠재우는 매미소리에 한 소식 얻는다 해서 놀랄 일이 아니다.

백수의 왕인 사자는 그 울음으로 뭇 짐승을 제압한다. 성인의 거룩한 말씀을 사자후獅子吼라 하는 것도 그래서이리라. 매미의 경우를 보면 소리는 덩치로 좌우되는 것은 아닌 듯하다. 보잘것없는 곤충의 그 어디에 저 대단한 소리가 숨겨져 있는 걸까.

매미는 7년을 땅속에서 애벌레로 살다가 매미로 탈바꿈해서 일주일을, 길어야 이삼 주를 살다 간다고 한다. 엄마 뱃속에서 열 달을 보내고 그 백 배를 살다가는 인간에 비하면 얼마나 억울한가.

우리 인간이 엄마 뱃속의 열 달을 기억하지 못하는 것으로 미루어 매미도 그러하겠지만, 어둡고 긴 인고의 세월은 DNA라는 빈틈없는 작자가 빠뜨리지 않고 입력해 놓았을 것이다. 그동안 쌓인 한이 오죽하겠는가. 하고 싶은 말인들 좀 많겠는가.

울어라 매미야. 7년을 참고 견딘 설움을, 한을 마음껏 풀고 가거라. 남겨두면 안 돼, 사랑이 미진하면 미련이 되어 남을 것이고, 한이 쌓이면 구천을 떠돌 것이 아닌가.

아니, 어쩌면 저 울음은 환희의 찬가일 수도 있다. 어둡고 습한 땅속에 비하면 햇볕 찬란한 지상의 삶은 얼마나 경이롭고 황홀한가. 짧은 삶을 살다 가기에 순간 순간이 더더욱 소중할 것이 아닌가. 미움도 사랑도 껍질 벗어버리듯 훌훌 털어버리고 목청껏 노래하고 가려무나.

어느 날 매미소리가 그치는가 했더니 여름이 가고 없었다. 녀석들이 신나게 소리를 뽑던 나무들은 다투어 가을 준비를 하고 있는데, 내 귀에서는 아직도 매미가 운다.

맴 맴 맴 맴 매앰.

짧은 생을 온몸으로 살다 간 녀석들이 울고 있다.

2009

사랑만 하다 가기도 짧은 인생을

집을 나와 15분이면 서울대공원에 닿는다. 하나 둘 하고 세는 것도 아닌데 발은 저절로 박자를 맞추고 있다.

공원 입구에 들어서니 나무와 나무 사이에 현수막이 펄럭인다. 무슨 글인가 했더니 '아내여, 항복하라'는 색다른 구호가 눈에 들어왔다. 부부 싸움 끝에 아내가 집을 나갔나, 아니면 남편이? 머릿속이 공연히 바빠진다. 오죽 답답했으면 대공원까지 와서 저런 글을 붙였을까. "임금님 귀 당나귀 귀!"하고 대나무 숲에 대고 외쳤다던 이야기 속의 이발사가 겹쳐진다.

대공원 중앙에 자리잡은 호수에 이른다. 둑에 올라선 나는 깜짝 놀랐다. 물은 어디 가고 비닐봉지로 덮은 것처럼 수면이 뿌옇다. 뭐가 잘못 되었나. 눈을 크게 뜨고 다시 본다. 광선 탓이다. 지금 막 산 위에서 고개를 내민 눈부신 태양, 그 빛을 반사해서 수면도 잠시 눈이 부셨던 모양이다.

호수와 숲 사이에 산책로가 있다. 수면에 어린 나무그늘도 숲 따라 돌아간다. 숲과 물 사이를 거닐며 나도 그들 속에 하나가 된다.

호숫가 벤치에 젊은 엄마가 졸고 있다. 간밤에 잠을 설쳤는지 앞으로 꼬꾸라질 듯이 자세가 불안하다. "엄마, 그만 가자." 꼬마가 엄마를 흔든다.

호수를 도는 중간 지점에 장미원이 있다. 축구장 두어 개가 들어서고도 남을 넓은 장미원은 초가을에 접어든 9월인데도 장미가 제철같이 눈부시다. 장미에 붙은 팻말에는, '불루바조우(독일)' '푸어포이트리(미국)' '골드바니(프랑스)' '긴세까이(일본)' 등, 이름표를 단 수백 종의 장미가 미인대회에 뽑혀 온 미인들마냥 풍염한 자태를 다투어 뽐내고 있다. 여고시절 노래하던 〈늦여름의 마지막 장미('Tis the Last Rose of Summer)〉 라는 시가 입 속에서 맴돈다.

> "늦여름의 마지막 장미, 홀로 쓸쓸히 피었네
> 그의 정다운 벗들은 모두 시들고 가 버렸네
> 붉은 얼굴을 반영할 이도, 한숨을 서로 주고받을 이도 없이
> 쓸쓸히 홀로 남겨졌네."

세월이 마냥 그 자리에 서 있을 줄 알았던 여고시절에는 '한

숨을 서로 주고 받을 이도 없이' 라는 말이 도무지 이해가 가지 않았는데, 지금 이 순간 절절히 가슴에 와 닿는다.

호수에 면한 장미원 한 코너에 전망대가 있다. 나무 계단 몇 개 올라가는 단출한 발코니지만 관악산의 장한 모습이 한눈에 들어온다. 관악산을 등에 업고 내가 사는 8단지 아파트가 고개를 내밀고 있다. 그러나 수면에 산 그림자를 드리운 관악산의 위용과는 달리 아파트의 키는 호수에 닿기엔 턱없이 모자란다.

호수 위를 리프트가 달리고 이따금 물고기가 뛰어올라 잔잔한 수면에 파문을 일으킨다. 청둥오리가 떼지어 미끄러져 가는 모습도 빼놓을 수 없는 정겨운 그림이다.

장미원을 나와 어린이 동물원을 지나는데, 머리가 하얗게 센 노인이 파란 비닐봉지를 들고 집게로 휴지를 주워담고 있다. 늙어 한가해지면 나도 사람들이 흘리고 간 휴지를 주우며 조금은 좋은 일을 하리라 마음먹은 적이 있었는데, 그 나이가 되어도 여전히 남의 일처럼 보고만 있다.

발 가는 대로 가고 눈길 닿는 대로 보며 두서없이 이런저런 생각에 잠겨있으니 난데없이 '당사주'가 생각났다. 내 어릴 때는 장바닥이나 길거리에 책을 펴놓고 그림으로 사주를 봐 주는 당사주라는 것이 있었다.

연지곤지 찍은 각시와 사모관대 입은 신랑의 그림도 있고, 남녀가 등지고 있는 그림, 남자 하나에 여인 둘 있는 그림, 젊은 나이에 혼자되어 공방空房을 지키는 청상. 그런가 하면 많은 자손 거느리고 큰상을 받고 있는 다복한 노부부도 있었다. 그림에 그럴듯한 해석을 붙여 평생 운명을 봐주던 당사주, 무심코 보아넘긴 그림들이 지금 이 순간 불현듯 떠오른다.

산마루에 올라 걸어온 길을 내려다보듯 나는 지난 세월을 뒤돌아보고 있다. 많은 그림 가운데는 "왜 이런 것이 나한테"라는 것도 섞여 있다. 새색시 때 같으면 "이건 내 것 아니야, 바뀐 걸 거야." 했을 것도 같은데, 지나고 보니 그 하나 하나가 나름대로의 의미를 담고 있다. 어느 것 하나 소홀히 할 수 없는 내 삶의 자산이다.

사람과 사람이 만난다는 것, 그것은 우연이 아니고 필연인 것 같다. 우연이라면 스치고 지나갔지 연緣이란 실타래로 얽히지 않았을 것이다. 넓은 우주 공간 하고 많은 사람 가운데 그 부모를 의지해서 태어났다는 것부터가.

짝을 만나 부부의 연을 맺고, 남의 부모되어 부모에게 받은 은혜 부모에게 다하지 못하고 자식에게 돌려주고 간다는 사실까지도. 한평생 산다는 것이 눈물겹도록 숙연하다.

대공원을 나와 현수막 앞에 이르니 '아내여, 항복하라'는 용을 쓰다 지쳤는지 말할 기력을 잃고 늘어져 있다. 사랑만 하다 가기도 짧은 인생 아닌가. 아내여, 행복해라 행복해라. 나는 어느새 '항'자에 획 하나를 더 그어 '행'으로 만들고 있었다.

베네치아에서 생긴 일

구라파 5개국을 돌았으니 기행문 몇 개쯤 쉽게 건지려니 했다. 같이 갔던 친구들도 흐려져 가는 기억을 기록으로나마 남겨두었으면 했는지 ≪구라파 여행≫이라는 안내서를 보내주기도 했다. 그러나 반년이 지나도록 나는 붓을 들지 못하고 있다.

이태리에 압도당하고, 파리에 매료되고, 스위스의 융프라우봉을, 비록 산악열차를 타고 올라갔다고는 하나 난생 처음 3천 5백 미터의 설봉을 발로 밟은 감격을 어떻게 표현하랴.

감동이 크면 감당하기 어려워 말이나 글이 되지 않는 법이라고 누군가 말했다. 힘에 벅찬 이야기는 접어두고 내게 걸맞은 작은 얘기를 써 볼까 한다.

베네치아에 갔을 때 일이다. 이태리에서 가장 아름다운 도시라는 베네치아는 그 곳을 찾는 관광객 수가 일 년에 천만 명,

주말이면 인파로 발 디딜 틈이 없다 하였다.

일상을 벗어난 해방감 때문만은 아니다. 베네치아라는 도시는 묘하게 사람을 들뜨게 하는 무엇이 있다. 나도 모르게 잔칫집에 온 듯한 축제분위기에 사로잡힌다. 거리를 덮다시피한 관광객들과 사람과 놀겠다고 손과 어깨 가리지 않고 내려앉는 비둘기 떼도 한몫을 하지만, 이 도시는 건널목도 신호등도 없다. 신호등을 의식해서 종종걸음을 칠 일도 없다. 자동차의 소음도 매연도 없는, 아예 자동차라는 것이 없는 도시다. 나는 시계바늘을 중세기에 돌려놓은 듯한 착각에 빠진다. 굳었던 세포가 기지개를 펴며 되살아난다.

백여 개의 운하가 백여 개의 섬을 거미줄처럼 엮어놓은 물의 도시 베네치아, 베네치아의 교통수단은 물 위에 떠 있는 크고 작은 선박들이다. 육지로 치면 승용차격인 5인승 곤돌라에 우리 일행 몇 사람이 탔다. 그 중에는 초등학교 3년생인 병현이도 끼어 있었다.

병현이는 '현장학습'이란 명목으로 엄마 아빠를 따라왔다. 병현이의 아버지는 나 같이 나이 든 사람을 위해 번번히 필름을 갈아끼우는 수고를 아끼지 않았고, 어머니는 다리가 불편한 내 친구를 줄곧 부축하고 다녔다. 외국생활을 수년간 했다는 젊은 부부는 병현에게는 자기 일 하도록 맡겨두고, 다른 사람들 돌보기에 마음을 쓰는 것 같았다.

우리 일행 20여 명의 마스코트가 된 병현이는 일행의 누구

와도 스스럼없이 손을 잡고 다녔는데, 그 중에도 배낭을 메고 혼자 여행단에 합류한 미스 임 누나와 단짝이 되었다. 지금도 그는 누나를 따라 곤돌라에 올라탄 것이다.

안마당 같은 선착장을 떠난 곤돌라는 가는 배 오는 배가 스쳐가기도 빠듯한 좁은 '골목길'을 벗어나 시야가 탁 트인 대운하로 나아갔다. 양 기슭에는 사원과 궁전, 귀족과 부호들의 저택 등, 유서깊은 건물들이 푸른 하늘과 바다를 배경으로 화려하고 장엄한 모습들을 선명하게 드러내고 있다.

"잔잔한 바다 위로 저 배는 떠나간다." 누가 먼저랄 것도 없이 우리 입에서 '먼 산타 루치아'가 흘러나왔다. 물결 따라 배 따라 시정詩情도 흘러갔다. 이대로 마냥 갔으면 하는데, 배는 발길을 돌려 오던 길을 되돌아간다.

그때 내 옆에 앉아 있던 병현이가 벌떡 일어나더니 "할머니, 오줌 마려워." 하며 몸을 떨었다.

"좀 참아라."

말은 그랬지만 아이들에게 무리라는 것을 나는 알고 있다. 우리 아이를 키울 때도 그랬다. 한번은 전차 안에서 실례를 해서 "그만한 것을 알 만한 어머니가" 하고 차장아가씨에게 무안을 당한 적도 있다.

사방은 물이지만 흔들리는 배 안에서 뱃가에 세워 오줌을 누게 할 수는 없는 일이다. 나는 얼른 뱃바닥에 떨어져 있는 비닐봉지를 주워들었다.

바지를 내리기 바쁘게 참았던 오줌 줄기가 소나기처럼 시원스럽게 쏟아졌다. 비닐봉지에서 튄 물줄기가 아이의 손과 내 손을 흥건히 적셨다.

"할머니 더러워, 손 씻어."

바닷물에 손을 담근 병현이가 미안해했다.

"아니야, 병현이의 오줌은 더럽지 않아."

오랜만에 손자의 오줌세례를 맞은 것 같았다. 병현이가 내 손자 같다는 생각이 들었다.

'고운 정 미운 정'이라는 말이 있다. 고운 정이면 고운 정이지 미운 정은 또 무언가? 미운 정이라는 말을 이해하는 데 나는 많은 시간을 필요로 했다.

시어머니는 무척 깔끔한 분이셨다. 새벽같이 일어나서 이부자리 개고 몸단장 했다. 외출할 때면 주위사람들 번거로울까봐 "나 없으면 나간 줄 알라."며 몰래 나가시곤 했다. 며느리 손을 거치지 않고 손수 빨래하고 손질도 했다. 도무지 빈틈이 없는 분이라 그래서 어려웠다.

그런 분이 쓰러져 혼수상태에 빠졌다. 어머니의 대소변을 받아내며 어지간히 깔끔도 하시더니, 하면서도 나는 비로소 어머니의 자식이 되었다는 생각이 들었다. 우리 모두가 허점을 가진 인간이라는 데서 오는 일체감!

수십 년이 지난 지금도 그런 기회가 내게 주어졌음을 고맙게 생각한다. 그런 일이 없었다면 '남편의 어머니', '마더 인 로

(mother in low)' 라는 개념을 영영 떨쳐버리지 못했을 것이다. 궂은 일이 들어서 인간관계를 더욱 굳건히 한다는 것을, 고운 정 못지않게 미운 정도 소중하다는 것을 그제서야 알게 되었던 것이다.

로마나 파리, 내가 본 구라파의 어느 도시보다 베네치아는 내 마음 깊숙이 자리하고 있다. 지금쯤 병현이는 무얼하고 있을까. 친구들과 신나게 공을 차고 있을까, 밀린 숙제를 하느라고 낑낑거리고 있을까.

"할머니, 손 씻어."

하던 병현이의 멋쩍은 표정이 떠오른다. 오줌싸개 어린이가 "소금 꾸러 왔어요." 하는 것만 같아 웃음이 나온다.

1998

부안의 노래

내가 몸담고 있는 수필산책 문학회는 해마다 문학기행을 한다. 금년 봄은 변산반도에 있는 부안으로 갔다. 빼어난 경관과 비옥한 평야는 유서 깊은 내소사와 개암사를 품에 안았고, 시인 이매창과 신석정을 낳았다.

매창은 그를 기리는 매창공원에 '명원 이매창지묘名媛李梅窓之墓'와,

이화우 흩날릴 제 / 울며 잡고 이별한 님
추풍낙엽 흩날릴 제 / 저도 날 생각는가

라는 시비로 남아 있다. 그가 사랑했던 유희경이 사후에 무덤을 찾아 애끓는 정을 읊은 〈매창을 생각하여〉와 매창의 부음

을 듣고 그와 우정이 두터웠던 허균이 지은 〈아름다운 글귀는〉, 그리고 후세의 시인 가람 이병기의 〈매창뜸〉 등이 매창의 시와 함께 자리하고 있다. 살아생전 불우했으나 이렇듯 추모의 정이 끊이지 않으니 고혼도 편히 눈을 감으리라 믿는다.

목가시인 신석정의 시비를 둘러본 우리는 ≪슬픈 목가≫의 산실인 청구원을 찾았다. 방안에 걸려 있는 시인의 사진은 그가 거처했던 초가에 어울리지 않게 훤칠하다. 잘생긴 인물하며 양복 입은 매무새며 파이프를 문 모습까지 오늘날의 어느 배우 못지않게 멋이 있다. 사진을 보는 순간 부인이 무척 고생을 했겠다는 생각이 들었다. 시가 돈이 되는가 밥이 되는가. 어려움 속에서 남편 체면 저만큼 살려준 부인에게 머리가 숙여졌다.

반계골에는 반계 유형원 선생의 서당이 있다. 선생은 ≪반계수록≫의 저자이며 실학의 창시자다. 농민주체의 개혁을 주창한 분으로 그의 사상과 이념, 국가 건설의 구상, 토지문제, 관리의 등용문제 등 그의 실천적 사고와 백성에 대한 사랑은 그 후 성호 이익의 ≪성호사설≫, 다산 정약용의 ≪목민심서≫ 등에 영향을 주었다.

해질 무렵 채석강의 낙조를 보려고 서둘러 격포로 갔다. 하늘을 가렸던 구름이 때맞추어 물러난 자리에 석양은 마지막 정열을 불태우며 바다 속으로 자취를 감추려 하고 있다. 저렇듯 장엄하게 생을 마무리할 수 있다면…, 숙연한 마음으로 나는 한동안 그 자리에 서 있었다.

때로는 무대 밖의 일이 무대 못지않게 감명을 주기도 한다.

이튿날 6시에 눈을 떴다. 한방에 잤던 R선배와 Y선생, 우리 세 사람은 새벽을 맞으러 바닷가에 갔다. 긴 세월 파도에 씻겨 물결무늬를 이룬 바위에 앉아 나는 물이 차오르는 광경을 가슴 가득 차오르는 기쁨으로 받아들이고 있었다. 문득 고개를 드니 가까운 바위에 희자 씨가 앉아 있다.

"희자 씨, 우리 연극 한번 하자."

희자 씨를 대하니 평소의 생각이 말이 되어 튀어 나왔다. 이따금 연극을 해봤으면, 하는 생각이 든다. 극중 인물이 되어 그 삶을 대신 살아보고 싶은 마음, 여러 사람이 하나가 되어 내뿜는 열기, 그 속에 나를 던지고 싶은 것이다.

이경희의 〈현이의 연극〉에 나오는 현이처럼 '한포기 풀'이라도 좋고 바위가 되어도 좋다. 욕심을 부린다면 지나가는 여인 (1)이나 (2)가 되어 대사 한마디쯤 할 수 있다면 무엇을 더 바라랴.

반응은 뜻밖에 Y선생한테서 왔다.

"얼마 전에 우리 교회에서 '주 예수여, 어서 옵소서' 라는 뮤지컬을 했는데, 내가 여인 (1)로 나왔어요.", "이 사람도 그와 함께 있었어."하면서 베드로가 예수의 한 무리임을 고발하는 장면을 노래했다. 배경 합창도 했다면서, 막달라말레나가 가묘에 가보니 예수가 없다. "무덤이 없어!" 하고 울음을 터뜨릴 때 "여자여, 여자여 어찌 우느냐." 하고 위로하는 대목을 가늘고 고운 목소리로 노래 부르는데, 여간 듣기 좋은 것이 아니다.

"얼마나 재미있었는지, 연극배우들 굶어가며 몰입하는 심정 알겠더라구요."

그러자 R선배님이 나섰다. "나 학교 다닐 때 '리어왕' 했다. 고네릴과 리건 두 딸에게 배반당한 리어왕이 발광해서 광야를 해매는 장면을."하면서 선배님 역시 실연實演을 하는데, 그 연기가 처절하도록 박진감이 있다.

그때 여관에 있던 일행이 몰려왔다. 그들 중 인순 씨와 복희 씨가 듀엣으로 노래를 불렀다. 그들은 어제 처음 만난 사이인데 노래로 단번에 십년지기가 되어 호흡이 하나가 되었다. 하늘과 바다를 무대로 파도소리를 배경음악으로 깐 그들의 화음은 어느 CD보다 분위기가 있었다.

노래가 끝나자 난석 씨가 기다렸다는 듯이 '흥부전'에서 도깨비 노릇을 했다며 연출을 자청하고 나섰다. 흥부역에 판소리 잘하는 K선생, 놀부 역에 C선생, 놀부 마누라 역이 난데없이 내게 떨어졌다.

흥부의 박에서 금은보화가 쏟아져 나온 것을 본 놀부는 멀쩡한 제비 다리를 꺾어 날려보냈다. 그 제비가 물고 온 씨가 박이 되고 오늘은 그 박을 타는 날이다.

소문을 듣고 흥부네 아들 아홉 명이 몰려 왔다. 큰조카로 나온 용자 씨는 아예 이름을 용식으로 바꾸고, "큰아빠, 나 장가 보내주."하고 떼를 쓰고, "큰아빠, 나 옷 사줘, 버버리가 좋아.", "큰아빠, 난 모자가 좋아." 하고 조카녀석들 줄줄이 나선다. 이럴 때 가만 있으면 놀부마누라가 아니다.

"여보, 난 청국 비단 좋아. 양귀비가 입던 그런 비단."하고 주책을 떤다.

놀부와 마누라가 박을 써는데, 대역을 맡아 넋이 나간 마누라는 놀부가 톱을 당기면 저도 당기고 밀면 같이 밀고, 이건 완전 코미디다.

이윽고 박이 두 쪽으로 갈라지고, 튀어나온 것은 보화가 아니라 도깨비다. 도깨비는,

"놀부 이놈, 동생네 식구 나 몰라라 하고, 혼자 배 터지게 먹겠다고 이노옴!" 하고 몽둥이 세례를 안긴다. 다음은 마누라 차례,

"네 이년, 밥 달라는 흥부에게 주걱으로 빰을 치다니!" 하고 몽둥이를 쳐들자, 놀부 마누라,

"무슨 소리, 주걱에 밥이 한 사발은 붙어있었는데." 한다. 이쯤 뻔뻔해야 놀부마누라 노릇을 하지 않겠는가.

몽둥이질이 계속되자 놀부는 제 마누라 다칠세라 이리 뛰고 저리 뛰며 전전긍긍이다. 부모형제 몰라라 하는 녀석이 대체로 여편네 엉덩이에 깔려있기 마련. 그러나 마누라는 놀부 뒤에 숨어서 돈 되는 물건 챙겨 달아날 궁리만 하고 있다. 남편 퇴직하면 퇴직금 반을 챙겨 이혼하는 세상이다. 놀부 마누라면 그러고도 남는다.

극의 후반은 나의 상상극이다. 생각지도 않은 줄거리가 술술

나왔다. 신명이 나면 붓이 글을 쓴다 했던가.

연극을 한다기보다 나는 내내 웃기만 했다. 실컷 웃고 나니 마음이 경계를 벗어났다. 웃는 것 또한 사람을 순화시키는지, 너도 좋고 나도 좋고 걸리는 것이 없다. 앉은 그 자리가 내 자리 같고 대대로 살던 동네 같다. 하긴 내 고향 네 고향이 따로 있는가. 한 알의 씨앗 부안 땅에 떨어지면 부안 사람 되고 청도 땅에 떨어지면 청도 사람 되는 것 아닌가.

시인 이호우는 노래했다.

> 살구꽃 피는 마을은 어디나 고향 같다.
> 만나는 사람마다 등이라도 치고지고
> 뉘 집에 들어서면은 반겨 아니 맞으리.

2002

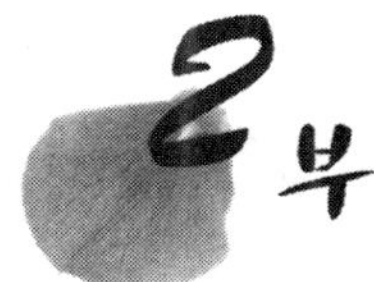

전동차 소묘

이산가족 상봉

明과 暗

호적胡適을 만나다

胃大한 것은 偉大하다

수필사에 빛나는 발자취를 남기고

한 자루 붓이 되어

전동차 소묘

우산 하나

전동차를 탔더니 자리가 많이 비어 있었다. 경로석 벽 쪽에 한 여인이 앉고 옆 두 자리가 남아 있었다. 나는 가운데를 비워 두고 출입문 쪽에 앉았다. 손가방을 열어 슈퍼에서 사온 자잘한 물건들을 집어넣었더니 우산이 불거져 나왔다. 꺼내서 오른쪽 무릎 옆에 놓고 신문을 보고 있는데, 벽 쪽의 여인이 손을 뻗치더니 "내 우산 왜 여기 있지." 하며 슬그머니 집어갔다.

"그거 내 우산인데요." 해도, "푸른 바탕에 줄무늬 있는, 이거 내 거야." 하며, 줄무늬가 증거라도 되는 양 우겼다. 이럴 줄 알았으면 우산에 이름이라도 써둘 걸 그랬나.

그럴 땐 증인이 있으면 좋은데 맞은편에 혼자 앉아 있는 노인은 전혀 알은체를 하지 않았다. 설사 눈여겨보았다 해도 남의 일에 섣불리 끼어들지는 않을 것 같았다.

우산 하나쯤이야 아무래도 좋지만, 대낮에 눈 번히 뜨고 빼앗긴다는 것도 그렇다. 한번 따져보자 하고 고개를 들었는데, 얼굴을 보는 순간 등골이 서늘해졌다. 이럴 수가, TV 화면에서 본 저승사자의 얼굴이었다. 살아 있는 사람 얼굴에서 '음산'하다는 느낌을 받아본 것은 처음이었다. 몇십 년을 볕이 들지 않는 굴 속에서 세상을 저주하며 살아온 사람에게서나 풍길 것 같은 음산한 기운. 대체 어떤 삶을 살았기에, 반평생을 교도소에서 보냈나? 나는 그만 입을 다물었다.

얼마 후 차가 환승역에 닿았다.

"우산 잘 쓰세요."

내리면서 한 마디 던졌다. 어떻게 나올까 은근히 궁금했는데, 그는 입 속에서 구시렁거릴 뿐 말이 없었다. 처음 기세라면 "내 것 내가 쓰는데 웬 잔소리냐." 할 것도 같았는데.

집에 와서 생각하니 집에 두고 온 우산으로 착각했을지도 모른다는 생각이 들었다. 나도 언젠가 친구 만년필을 내 것으로 알고 들고 온 적이 있었다. "내 만년필 못 봤니." 했을 때도 "아 아니." 했다. 정신이 깜빡깜빡할 때가 있지 않던가.

그러고 보니 그 여인만 나무랄 일이 아닌 듯싶다.

옷이 말을 한다

의상학과에 다니는 손녀로 해서 옷에 관심이 많이 간다. 전동차를 타고 가는 무료한 시간을 옷을 관찰하는 것으로 보내는 일이 잦다.

건너편 의자에 앉은 부부는 남자는 카키색 골덴 바지에 같은 계통의 무지 잠바를 걸쳤고, 여자는 회색 바지에 감색 얼룩무늬 코트를 입었다. 신발도 감색과 쥐색 콤비로, 우연의 일치인지는 모르나 목도리와 가방도 감색, 쥐색이다. 일부러 맞춘 것 같지는 않은데도 은근히 잘 어울리는 걸 보면 저 부부는 호흡이 잘 맞겠다는 생각이 든다.

출입구에 서 있는 젊은이는 청바지에 오버를 걸쳤다. 청바지에 오버, 걸맞지 않은 배합도 청바지가 평상복이 되고 보니 어색하지가 않았다. 이럴 경우에는 오버는 조금은 낡고 색이 바란 것이 어울린다.

엉덩이가 드러나다시피한 짧은 치마도 받쳐 입은 레깅스와 젊은 여인의 쪽 곧은 다리가 만나니 시선을 즐겁게 한다. 요즘 패션은 내 취향을 살려서 대담하게, 할 만큼 의상 감각이 앞서 있다. 프랑스에서 온 패션디자이너가 한국 여인의 패션 감각이 파리 못지않다고 한 말이 인사치레만은 아닌 것 같다.

옷을 잘 입었다, 이건 아니다로 시작한 의상에 대한 관심이 요즘 들어서는 백화점의 아가씨들이 마네킹 옷을 갈아입히듯,

이 옷에는 저 코트가, 저 모자가, 저 신발이, 하고 남의 옷을 함부로 입혔다 벗겼다 한다. 그러면서 옷은 명품이냐 아니냐를 떠나서 전체적인 조화가, 옷을 어떻게 자기 것으로 소화하느냐가 보다 중요하다는 생각을 하곤 한다.

한번은 바바리코트를 입은 한 남자가 눈에 들어왔다. 육십대 후반으로 보이는 그 남자는 내가 좋아하는 카키색 바바리를 입고 있었다. 슬쩍 훔쳐본 옆 얼굴이 지성적이며 학구적인데, 사색에 잠긴 듯한 얼굴에 카키색 바바리코트가 그렇게 어울릴 수가 없다. 저런 은은한 멋을 풍기려면 얼마나 많은 지성과 교양이 녹아나야 하는 걸까, 하는 생각이 들어 다시 한 번 쳐다보려다 말았다. '많이 보면 병난다'는 말이 있지 않은가.

바바리코트가 가장 어울리는 사람으로 나는 영화 〈카사블랑카〉의 남자주인공 험프리 보가트를 꼽는다. 봉쇄된 국경 공항에서 목숨을 걸고 옛 애인 잉그리드 버그만을 탈출시키고는, 공항에 쓸쓸히 서 있는 뒷모습이 그렇게 멋있을 수가 없었는데, 이 남자도 그에 못지않는 품위와 분위기가 있다.

저 바바리코트를 마네킹이 입고 있었다면 단지 하나의 상품에 지나지 않았을 것이다. 옷도 주인을 잘 만나야 제 값을 하는 것이 아닐까.

참말로

아침 일찍 전동차를 탔다. 출근하고 등교하는 사람들로 발디딜 틈이 없었다. 거기 끼어들다 보니 본의 아니게 남을 밀치게 되었다. "왜 미느냐."며 한 젊은이가 버럭 고함을 질렀다.

차가 덜커덩거리며 움직이자 이번에는 고함을 지른 젊은이가 그 육중한 몸을 내게 실었다. "당신도 별 수 없지 않느냐."는 말이 목까지 올라왔으나 참기로 했다. 서로 밀고 밀리며 사는 것이 인생이니까.

앞의 경로석에는 노인을 가운데로 하고 두 젊은이가 앉았는데, 모두 고개를 무릎에 박고 있다. 그 중 한 사람은 머리를 노랗게 물들이고 무스로 빳빳하게 세운 것이 내 눈에 곱게 보이지가 않았다. 이봐 젊은이, 당신은 목발을 짚은 장애인도, 허리가 굽은 노인도, 그렇다고 배가 남산만 한 임산부도 아니잖아. 나는 노약자석에 그려진 그림 하나 하나를 눈으로 짚으며 젊은이에게 묻고 있었다.

차가 사당역에 닿자 두 젊은이는 후다닥 뛰쳐나갔다. 그들도 속으로 나와 같은 질문을 스스로에게 하고 있었던 것일까. 그 빈자리에 앉아 있으니, 마음속으로 한 말이 그대로 튀어나온다면, 하는 엉뚱한 생각이 들었다.

과천에서 사당까지 10분 거리에 아마도 두 번은 말다툼을 했을 것이다. 왜 떠미느냐고 소리 지른 사람은, "늙은이가 이

바쁜 시간에" 하는 말로 내 성질을 돋우었을 것이고, 노랑머리는 "배가 남산만 한 임산부"라는 말에 단단히 모욕감을 느꼈을 것이다.

사람이 짓는 업에는 말이 되어 나오는 口業과 몸으로 행동하는 身業, 마음 속에 묻어두는 意業이 있다. 그중 제일 다스리기 어려운 것이 겉으로 드러나지 않은 의업이라 하는데, 생각은 마음 깊숙이 잠재해 있다가 어느 날 불쑥 화산처럼 뛰쳐나온다. 얌전한 사람이 일을 크게 저지르는 것도 그래서일 것이다.

참는 것만이 능사가 아닌 것 같다. 풀어버리지 않으면 안 되는 감정은 속에 묻어두지 말고 터뜨리는 것이 좋은데, 어떻게 푸느냐가 문제이다.

한 여인이 생각났다. 그때도 전동차를 타고 있었다. 차가 서자 한 무리의 여인들이 우루루 몰려 들어왔다. 50대로 보이는 여인들은 "이리 오너라. 여기 자리 있다." "이리와, 같이 앉자." 하며 시끌벅적했다. 우리도 여럿 모이면 저렇겠구나 하고 약간은 민망한 마음으로 지켜보고 있는데, 아니나 다를까 "앗다 시끄럽다." 하고 나이 드신 할아버지가 호통을 쳤다. 차 안의 시선이 온통 그리로 쏠릴 만큼 소리가 컸다. 그러자 일행 중 한 여인이, 그 말씀 백번 옳습니다라는 듯이 "참말로!" 하고 얼른 공감을 표시했다. 그 말은 미안하다는 의례적인 인사보다 한층 효과적이었다. 자칫 말싸움으로 번질 것도 같은 경직된 분위기가 적시안타 한방으로 자연스럽게 넘어갔다.

사건이 어떻게 돌아가는가 초조하게 지켜보던 나는 그 순간 "옳거니" 하고 무릎을 쳤다. 일을 저렇듯 산뜻하게 처리하는 저 여인은 부부싸움도 않을 것이다, 해도 뒤끝이 없을 것이다.

나 같으면 미안하다고 사과를 했을 것이다. 그러고도 한동안 고개를 들지 못했을 것이고, 많은 사람 앞에 무안을 준 할아버지를 야속하다 했을지도 모른다. 저렇듯 깨끗하게 그 자리서 풀어버린다면 누구를 미워한다거나 하는 마음의 찌꺼기는 깡그리 없어질 것이 아닌가.

2009

이산가족 상봉

기억하고 있을까

벨소리에 수화기를 드니 대구에 사는 남동생이다.

"그렇잖아도 전화하려고 했는데" 하는 내 말을 가로막은 동생은, "누님, 놀랄 일이 있어요. 한주 누나가 살아 있어요." 한다. 방금 적십자사에서 전화가 왔는데 이북에 사는 한주라는 사람이 이산가족 상봉을 신청했다. 당신이 사촌 동생되는 아무개가 맞느냐고 확인전화가 왔다는 것이다.

나는 갑자기 가슴이 떨려 말이 나오지 않았다. 한주 언니가 살아 있다. 6 · 25때 서울에 있다가 소식이 끊어진 한주 언니. 살았는지 죽었는지 큰어머니 생전에 그리도 애태우셨던 아들

딸 소식, 그 중 한주 언니가 살아서 가족 상봉을 신청했다. 그렇다면 다른 형제들은?

6 · 25 당시 서울에는 나의 사촌형제들이 살고 있었다. 큰언니는 병원을 개업하고 있었고, 오빠와 한주 언니는 의대 재학 중이었다. 그들 모두가 필요한 인적자원이다 보니 인민군이 후퇴할 때 북으로 끌고 갔을 확률이 높다. 살아 있다면 큰언니는 여든넷, 오빠는 일흔여덟쯤 된다. 신청자가 오빠가 아닌 한주 언니인 것을 보면 오빠는 이미 고인이 된 것일까, 아니면 오빠보다 언니가 그들의 선발기준에 부합되어서일까. 남의 일로만 여겼던 이산가족 상봉이 우리 앞에 닥쳤다.

한주 언니가 올린 가족 명단에는 친형제인 남동생과 둘째 언니 내외, 그리고 사촌으로는 내 동생과 대구언니가 올라있다고 한다. 신청자 한 사람에 만날 수 있는 인원은 다섯 사람이다. 동생은 서울누님은 꼭 가야 한다며 자기가 양보하겠다고 했다.

며칠 후 적십자사에서 동생 대신 내가 5인 명단에 올랐다는 연락이 왔다. 마음이 바빠졌다. 그들에게 필요한 것은 무얼까. 미국서 사온 타이레놀과 영양제도 챙기고 화장품 세트 머플러 내복 커피 등, 필요한 이것저것을 챙겼다. 살아 있다면 오빠도 큰언니도 그 자리에 나올 것이다. 설사 고인이 되었다 해도 가족들 소식이라도 들을 수 있을 것이 아닌가.

얼굴을 알아볼 수 있을까. 옛 모습이 어딘가 조금은 남아 있겠지. 무슨 말을 하며 무얼 물어야 하나. 우선 안부부터 물어야

겠지. 어떻게 살아 왔나, 형제 간에 자주 내왕은 하는가. 궁금한 것은 태산이지만 거기 체제를 생각하면 섣불리 물을 성질의 것이 아닌지도 모른다.

한주 언니가 제일 궁금한 것은 큰어머니 큰아버지 소식일 것이다. 물론 부모님들이 이미 세상 뜨신 것은 예상하겠지만 어떻게 살다 가셨는지, 제삿날이라도 알고 싶지 않겠는가. 어머니 아버지, 뵙고 싶었습니다. 가까이 뫼시지도 소식 전하지도 못한 이 불효자식 용서하십시오, 하고 큰절이라도 올리고 싶지 않겠는가.

6 · 25 당시 큰댁의 작은 사랑채에 피난 가 있던 나는 누구보다 그때 큰어머니 큰아버지를 가까이서 지켜보았다. 아들 딸 셋을 서울에 둔 부모 마음이 어떠했을까. 북녘하늘 바라보며 얼마나 가슴을 태웠을까. 그러나 큰어머니는 종갓집 종부답게 참으로 대범한 분이셨다.

전선이 낙동강으로 밀려오고, 이웃마을 대산골 사람들이 소개명령으로 우리가 사는 각당마을로 밀어닥쳤다. 큰집 마당은 피난민 수용소가 되고, 큰어머니는 그들에게 양식과 간장 된장을 나누어 주기 바빴다. 낮에는 순찰 나온 경관들에게 점심을 대접하고, 밤이면 산에서 내려오는 산 사람들에게 양식을 줘야 했다. 낮에는 대한민국, 밤은 인민공화국 세상이 계속되었다. 현풍 비슬산 쪽에서 밤낮 없이 퍼붓는 대포소리를 들으며 "이제 다 됐나 봐요." 하고 그때까지만 해도 다소 친북 경향이 있던 내가 그런 말을 하면 큰어머니는 "아직 모른다. 대가리와 꼬리를 맞추어 봐야 안다." 하셨다. 그때 누가 인천상륙작전을 상상이나 했을까.

삼남매를 기다리다 기다리다 지쳐 돌아가신 큰어머니. 한주 언니가 살아 있다는 것을 아신다면 저 세상에서도 기뻐하시리라.

한주 언니는 나와는 한 살 터울이다. 사촌이라고는 하나 우리는 별로 접촉이 없었다. 나는 대구서 언니는 서울서 학교를 다녔는데, 전운이 감돌던 일제말기에 대구로 내려와서 내가 다니던 K여고에 합류했다. 그것도 2,3년 다니다 서울의 여의전(지금의 고려대 의대)으로 갔다.

언니는 고운 서울 말씨를 써서 투박한 경상도 사투리를 쓰는 나는 어쩐지 서먹서먹했다. 몸가짐이 단정하고 기품이 있어 내 주위에서도 언니를 동경하는 친구가 여럿 있었다.

잊혀지지 않는 기억이 있다. 그 무렵 마가렛 미첼의 ≪바람과 함께 사라지다≫가 독서계에 큰바람을 불러일으켜서 우리 학교에서도 너나없이 그 책을 읽었다. 나는 거기에 나오는 남자주인공 레트 버틀러에 사로잡혀 읽고 또 읽고, 그가 나오는 장면·그가 하는 대사를 몽땅 외우다시피 했다. 친구 C는 애슐리에 매료되어 "오 애슐리!" 할 때의 그녀 눈동자는 꿈속을 헤맸고, 스칼렛에 매혹된 사람, 멜라니에게 끌린다는 사람, 마치 그들이 살아있는 양 오늘날의 어느 오빠부대 못지않게 열을 올렸다.

우연한 기회에 함께 자리한 한주 언니에게 언니는 누굴 좋아하느냐고 물었다. 뜻밖에도 언니는 스칼렛의 어머니인 엘렌을 좋아한다고 했다. 언니가 레트나 애슐리를 좋아 한다고 했다면 그 기억은 쉽게 잊혀졌을 것이다. 강렬한 인상을 주는 스칼렛이나 레트와는 달리 엘렌은 수면 위에 떠오르지 않는 조용한 인물이다. 그러나 성급하고 다소 치기가 있는 남편에게는 자상하고 다정한 아내로, 딸들에게는 현명한 어머니로, 노예들에게는 너그럽고 인자한 귀부인으로 나온다. 대지주의 딸로 어느 한 군데 빠진 것 없이 갖춘 언니로서는 우아하고 기품 있는 엘렌이 그가 바라는 가장 이상적인 여인상이었을지도 모른다.

아직도 그 기품을 간직하고 있을는지. 반백년 세월은 언니를 어떤 모습으로 바꾸어 놓았을까.

이제 우리는 웬만한 일에는 놀라지 않는다. 노동신문으로 담배를 말아 피우다가 김정일의 이름이 들어있는 부분을 훼손하든가 하면 살인강도보다 더 무거운 범죄로 취급 받는다는 북녘 동포들. 곱고 순진한 이미지로 남쪽사람들의 사랑을 받았던 북한 응원단이 수령님 사진이 그려진 플래카드가 비에 젖는 것을 울면서 떼어가는 모습을 보기도 했다.

말끝마다 "경애하는 우리 수령님 동지께서" 라는 말이 언니 입에서 쏟아져 나온다 해도 나는 놀라지 않을 것이다. 묻고 싶은 말, 하고 싶은 말을 마음 편히 할 수 있다면 그것으로 만족하자. 핏줄이 당긴다는 것을 빼고는 아무런 공통점이 없으면 어쩌나. 피로써 눈물로써 녹이기에 우리는 너무 먼 거리에 와 있는 것은 아닌지?

나는 믿고 싶다. 세상이 바뀌어도 언니의 의식 속에는 그가 꿈꾸었던 엘렌이 남아 있을 것이라는 것을. 조금이라도 남아 있다면 한 가닥 대화의 길이 열릴 것이 아닌가.

어떤 만남

그날이 왔다 생각하니 가슴 떨린다. 55년만의 상봉이 아닌가. 내가 기억하는 언니는 꿈 많은 소녀인데 세월이 한주 언니를 어떻게 바꾸어 놓았을까.

그것이 여기 일이라면 어렵지 않다. 50년 만에 만난 동창도 처음엔 어색해도 이야기하다 보면 금방 옛 모습을 되찾게 되는데 거긴 아닐 것 같다. 얼굴모습은 설지 않아도 차츰 뭔가 좀 이상하다, 이게 아닌데 하는 생각이 들까 봐 겁이 난다.

북의 가족들을 만나러 가는 이산가족 500명은 집결지인 속초의 한 리조트에서 남북한의 현황에 대한 주의사항을 들었다. 바다를 배경으로 사진 찍지 말 것, 버스로 이동 할 때도 군사시설일 수 있다. 만남의 장소인 온정리 휴게소에서는 촬영이 허용된다.

언어 표현은 김일성 주석, 김정일 국방위원장으로, 남한 북한이 아닌 남측 북측, 화장실이 아니고 위생실. 끝으로 그들이 선전공세를 펴면 다른 얘기로 적당히 넘겨라 등등.

거긴 우리 땅이지만 우리 땅이 아니다. 말조심 행동조심 사진조심을 되뇌이며 이튿날 아침 버스에 올랐다. 속초를 떠난 버스는 통일 전망대에서 금강산행 버스로 갈아타고, 남방 한계선을 넘어 휴전선을 통과했다. 휴전선은 시야를 확보하기 위해서인지 큰 나무가 없고 갈대가 무성하다. 흔한 개나리 진달래도 눈에 띄지 않아 살벌하다. 북방 한계선에 이르자 인민군 병사 두 사람이 버스 안에 들어와 한 바퀴 돌고 나갔다. 들어가도 좋다는 신호가 떨어졌는지 20여 대의 버스가 서서히 움직였다. 여기 산들은 거의 바위산이며 산에 나무가 없는 민둥산이다.

현대그룹이 배 위에 세운 해금강호텔에 여장을 풀고, 점심을 먹고 10분 거리인 온정각 휴게소로 이동했다. 이 휴게소도 현대가 지은 건물인데, 아무개 가족이라는 지정된 좌석에 앉아 기다렸다.

드디어 상봉시간, 그러나 4시 정각에 나타난 언니를 알아본 사람은 나 한 사람이다. 나도 언니의 이종되는 순이와 느낌이 같지 않았다면 못 알아봤을 것이다. 그 여자는 깡마르고 새까맣고, 늙어도 너무 늙었다. 남에서 간 여덟 살 위인 친언니보다 더 늙었다. 뽀얗고 우아하던 옛 모습은 간 데 없다.

서로를 확인하는 순간 우리 모두 부둥켜안고 흐느꼈다. 55년의 세월이 한 순간에 녹아나는 듯했다. 살아 있어 고맙고 이렇게 만날 수 있음에 감사했다. 죽었을지도 모른다던 사촌오빠가 살아 있다 하니 얼마나 고마운 일인가. 오빠도 같이 왔으면 좋으련만, 그 자리에 나올 수 있는 사람은 신청자 단 한 사람이다. 97년에 사망했다는 큰언니, 언니는 갔지만 아이들 소식을 들을 수 있어 반가웠다. 애타게 기다리다 돌아가신 큰어머니 큰아버지 이야기, 형제들 소식, 그 동안 쌓인 이야기를 묻기 바쁘고 대답하기 바쁘고, 우리 모두 숨 돌릴 새가 없었다.

이야기가 일단락되는가 했더니 한주 언니는 나는 장군님 덕으로 잘 살고 있다. 평양에서 제일가는 주거지인 ㅇㅇ거리의 방 세 개 있는 아파트에 남편과 아들내외 손주까지 다섯식구가 살고 있다. 거기는 아무나 살 수 있는 곳이 아니고 특별히 공로가 있는 사람에게나 주어지는 곳이라 했다. 마음이 놓였다. 그쪽에서 가족상봉을 신청할 수 있다는 것으로 북에서의 언니의 입지를 짐작할 수 있었지만.

"우리는 장군님 은덕으로 잘 살고 있다. 남쪽은 미국 놈들 때문에," 하며 언니는 남한 천지가 미국 놈 등쌀에 숨도 못 쉬는 것으로 알고 있었다. 미국 놈들 몰아내고 통일만 하면 이북의 군사력과 이남의 경제력으로 고구려 못지않은 대국으로 잘 살 수 있다고 거듭 강조했다. 늙은 형제들 사이에 젊은 생질이 있는 것을 보고는, 통일이 급선무인데 통일 사업에 힘써야 한다고 했다.

언니는 자기가 탄 훈장을 소중히 보듬고 왔는데, 붉은 천에 열 몇 개의 훈장이 나란히 부착되어 있었다. 이것은 언제 어디서, 하고 설명을 하면서 그 공로로 차비가 무료며 줄 서지 않고 먼저 탄다. 배급제는 없어졌으나 특별히 식량배급을 받는다

했다. 언니 말대로라면 장군님 덕으로 잘 돌아가는 듯했다. 그러나 돋보기를 꺼낸다고 핸드백을 여는데 그 안에는 콤팩트는 고사하고 손수건도 휴지도 없이 텅 비어 있었다. 훈장과 돋보기만 달랑 들어 있었던 것이다.

언니는 6 · 25때 서울의 의과대학에 다니다 북으로 갔다. 끌려갔다고 말하지 않았으나, 6 · 25 당시 언니와 같은 학교에 다니던 친구의 말은, 학교에 나오라 해서 갔더니 인민군이 들이닥쳐서 모두 트럭에 태웠다. 그 친구는 화장실에 가 있다 변을 면했다고 했다.

언니는 군의관으로 입대하고 휴전 무렵 강원도 어느 고지에서 미국 놈들의 폭격으로 척추를 다쳐 전시 영예군인으로 제대했다. 그 공로로 훈장도 타고 많은 혜택을 입는다 했다.

상봉시간이 끝나자 언니는 뒤도 돌아보지 않고 갔다. 인사할 틈도 없이 물이 빠져나가듯 그쪽 사람들은 일제히 나가버렸다.

이튿날은 10시부터 12시까지 개별 상봉이다. 장소는 우리가 묵고 있는 호텔 방, 자유로운 분위기에서 속내를 털어놓고 오붓하게 얘기할 수 있겠거니 했다.

10시 정각에 나타난 언니는 어제와 같은 연초록 노방 치마저고리를 입고 있었다. 그러나 치마를 걷어 올리는데 한복치마 아래 의당 입어야 하는 속바지가 없었다. 내의도 없이 우중충한 몸빼바지를 입었고, 윗도리도 안에 스웨터를 껴입었는데, 밖으로 나오려는 것을 쑤셔 넣어서 저고리 깃이 불룩했다.

털내의를 여러 벌 사오기를 잘했다. 생질이 어림잡아 사온 금가락지도 손에 맞고, 겨울용 여름용 치마저고리감, 양복감, 머플러, 담요, 약, 화장품, 커피, 녹차, 사탕, 초콜릿 등 남쪽에서 간 다섯 사람이 성의껏 사온 선물이 가방으로 세 개, 적십자에서 보내는 비누, 치약, 칫솔 등을 넣은 가방까지 짐이 네 개나 되었다. 그쪽에서는 술 몇 병과 담배 두 상자, 치마저고리감이 여러 벌인데, 그쪽 적십자사에서 준비한 것인 듯했다.

가족끼리 만났는데도 언니는 말조심하고 행여 도청장치가 있을까 불안해 했다. 아버지 어머니 이야기는 제삿날을 수첩에 적는 것으로 과거완료형이 되고, '엘렌이 되고 싶다던 여고시절의 꿈'은 동떨어진 현실 앞에 말을 꺼낼 엄두가 나지 않았다. 언니는 남쪽의 형제들의 현주소는 알고 싶어 했으나 자기 주소는 말하지 않았다. 많은 훈장을 탄 사람답게 틈만 나면 통일전선에 동참하라 했다. 형제들끼리 속마음을 터놓고 얘기하는 것을 경계하는 것도 같았다. 그런 느슨한 감정이 긴장을 이완시킬지도 모른다고 자제했는지도 모른다.

"만족하고 있는 거야? 후회한 적 없어?" 진작 궁금했던 말은 꺼내지도 못하고 주어진 시간은 흘러가버렸다.

김일성주석의 부인 김정숙의 이름을 딴 휴양소에서 환영 중찬이 있다 해서 우리는 서둘러 그리로 이동했다. 건물 앞에는 노방 처마저고리를 입은 아가씨들이 양옆으로 늘어서서 "반갑습네다." 하고 환영의 노래를 불렀다. 남쪽에서 간 500명과 북쪽의 초청자 100명, 임원진까지 해서 1층 2층 좌석이 모두 꽉 찼다.

테이블 위에는 음식이 차려져 있었다. 쇠고기, 돼지고기, 닭고기에 생선과 소라 등 육해공군을 총동원한 성찬이었다. 밥을 먹고나니 이 테이블 저 테이블에서 손뼉을 치며 노래가 시작되었다. 한주 언니가 같이 부르자 해서 "반갑습네다 반갑습네다" 하고 우리도 덩달아 노래했다. 이어 '나의 살던 고향' 을 부르고나니 같이 부를만한 노래가 없다. 아리랑이 어떨까 했더니 분위기가 침체된다 싶은지 달가워하지 않는 눈치다.

문제는 그때 일어났다고 한다. 북측의 임원들과 합석했던 남측의 임원이 '천출명장 김정일장군'을 입에 올렸다는 것이다. 바위에 크게 새겨진 그 글을 우리도 보았다. 2미터 깊이로 팠다는 그 문구를 보면서 누군가 "천출天出 좋아하네." 했었다. 그런데 남측의 임원이 '천출'은 한자로 天出, 賤出이 된다고 했다는 것이다(나중에 들은 말이지만). 우리로서는 재치있는 농담일 수 있는 그 말이 그들에게는 천인공노할 언사로 받아들여졌던 모양이다. 삼일포 관광을 위해 버스에서 대기하고 있던 일행은 영문도 모른 채 2시간을 발이 묶여 있었고, 끝내 삼일포 관광은 취소되었다.

남측의 고위급 인사가 급히 서울서 날아오고(서울에 와서 들은 얘기지만) 밤새 승강이를 벌인 끝에 무산될 뻔했던 작별상봉이 이루어졌다. 그러나 금강산 관광이 취소되어 미안하다

든가 하는 말은 한 마디도 없었다. 김정일 장군을 '폄하'한 말은 하늘이 노할 일이고, 6,7백 명이 화장실도 못 가고 버스 안에 갇혀 있었던 우리의 인권은 눈에 뵈지도 않은 모양이었다.

작별상봉에서 금강산을 구경했느냐고 물었더니 훈장을 열 몇 개나 탔다는 언니는 뜻밖에도 아직 못 봤다, 외국도 나가지 않았다 했다. 오빠는 자주 만나느냐는 물음에, 오빠는 평양 들어오기 어려워 내가 나간다고 했다. 성분이 나쁜 사람도 아니고 군의관 대령으로 제대했다는 오빠도 평양 출입을 못하다니.

"언니, 우리 같은 보통사람도 중국 · 일본 · 유럽 등 외국여행 여러 번 했어. 가고 싶은 데 마음대로 가고, 살고 싶은 데 살고, 만나고 싶은 사람 만나고, 하고 싶은 말 하고, 그렇게 마음 편히 살고 있으니 우리 걱정일랑 하지마." 하고 이쪽 사정을 귀띔했다. 통일 사업이 급하다는 이모 말에 생질은, "이모야, 사업하는 사람 열심히 사업하고, 공부하는 사람 공부 열심히, 가르치는 사람 열심히 가르치고, 그것이 통일을 위한 일이라 생각해." 하고 이모의 통일공세에 답했다.

이렇게 헤어지면 언제 다시 만날 수 있을까. 통일이 되기 전에는 어려울 것이다. 설사 만난다 해도 이런 만남을 되풀이하고 싶지는 않다.

이산가족 모임에 동참하지 못한 남동생에게 한주 언니가 보낸 편지에는 이런 글이 실려 있었다.

"55년 만에 너에게 부탁은 마지막 여생을 잘 마무리하고 성스러운 사업에 힘 써주기 바란다. 위대한 장군님의 성스러운 성군정치가 있어 미국 놈이 전쟁을 일으키지 못하고 너도 나도 평화스럽게 행복하게 살고 있는 것이 아니냐. 그러니 이 민족대업에 성의껏 힘써 줄 것을 바란다."

한 사람 한 사람을 살인무기로 만드는 ≪실미도≫라는 영화를 본 적이 있는데, 가족을 만나려는 사람들을 선전도구로 삼는 것 같아 입맛이 씁쓸했다. 같은 버스에 탔던 사람은 형님이 너무 불쌍해서 납치라도 하고 싶은 것을 억지로 참았다고 했다. 설사 탈출이 가능했다 해도 쉽게 적응하지는 못할 것이다. 우리의 의식세계가 너무 많이 떨어져 있구나, 하는 거리감이 아프게 가슴에 와 닿았다.

통일, 통일을 외치며 떠나는 버스를 지켜보며 그제서야 울컥 하고 참았던 눈물이 쏟아졌다. 누군가 말했듯이 우리는 '독 안에 든 쥐'처럼 가라면 가고 오라면 오고, 그들 지시따라 움직인 사흘이었다.

북방 한계선을 넘고 남방 한계선을 넘었다. 후유, 사흘 동안 떠나 있던 이 땅이 이리도 소중할 줄이야, "아, 대한민국" 소리가 저절로 나왔다.

어떤 모습의 하나인가

군사정권하에서도 굽히지 않는 올곧은 정신으로 민주화 투사들의 정신적 버팀목이었던 김수환 추기경, 그는 인터넷 신문 〈업 코리아〉와의 인터뷰에서 이런 말을 하고 있다.

"북한은 햇볕정책에도 불구하고 자세와 체제에 아무런 변화가 없고, 오히려 민족공조를 내세우며 남한에 친북 · 반북의 분열을 유발시키고 있다. 햇볕정책으로 남북 사이에 진정한 의미의 화해와 협력이 이루어졌는지 심각하게 성찰해 보아야 한다."

그러면서 그는 "어떤 통일인가를 묻지 않는 몰沒체제적 통일론을 분명히 반대한다."고 말하고 있다.

남쪽의 햇볕정책에도 북의 자세와 체제가 전혀 바뀌지 않는 것은 그들이 적화통일을 포기하지 않기 때문이다. 6 · 25로 북한체제를 직접 겪었던 사람들은 통일에 대한 젊은이들의 열정이 자칫 어떤 오류를 초래하게 하지 않을까 우려하고 있다.

지난날을 돌이켜 보면 6 · 25, 그 엄청난 전쟁의 참화는 공산주의의 환상에 사로잡혀 있던 그때의 우리 세대가 자초했던 것이 아닐까, 하는 생각이 들기도 한다.

"여기 한 의사가 있다. 어떤 환자는 먹을 것이 없어 굶어 죽게 되어 있고 어떤 환자는 배 터지게 먹어서 위장병에 걸려 있다. 여러분은 이 모순을 어떻게 생각하는가?"

내가 10대에 읽었던 쿠로포토킨의 ≪학생에게 준다≫는 선전책자는 아마도 이런 문구로 시작되었던 것 같다. 그 한마디는 순진하고 단세포적인 젊은이들의 피를 끓게 하기에 부족함이 없었다. 누구는 굶어 죽고 누구는 배 터져 죽는 이 사회의 모순을 바로잡아야 한다. 지금의 386세대가 군사독재에 항거했던 것처럼 그때의 젊은이, 젊은이뿐 아니라 나이 든 세대도, 무산층뿐 아니라 지식층에 이르기까지 '너나없이 잘사는 사회'를 꿈꾸던 이상주의자들은 공산주의를 그 지름길로 인식하고 있었다. 그런 사회 분위기가 북조선 인민공화국에게 남침하면 곧바로 인민공화국으로 통일이 될 것이라는 망상을 갖게 하였던 것이 아닐까?

그러나 남침의 결과는 어떠한가. 낙동강까지 일사천리로 밀어붙인 전선이 삼팔선 이북으로 도로 밀려나게된 것은, 미군과 유엔군의 참전이 결정적인 역할을 했던 것이나, 심정적으로는 공산주의를 지지했던 이 땅의 좌경세력이 등을 돌렸기 때문일 것이다. 공산체제를 직접 겪게 되므로 해서 이상과 현실과의 괴리는 우리가 꿈꾸던 사회가 환상에 지나지 않았음을 깨닫게 했던 것이다.

빨치산을 다룬 조정래의 대하소설 ≪태백산맥≫은 6·25의 남침이 실패로 돌아가자, 김일성정권은 공산주의를 실현하고자 월북했던 남로당 당수 박헌영과 그 중요 멤버들을 미 제국주의 스파이로 몰아 총살한 사실을 지적하고 있다. 북조선 인민공화국은 남조선을 적화통일하지 못한 책임을 남로당에게 돌렸던 것이다. 그들은 또한 입산한 수만의 빨치산들의 입북을 허락하지 않았다.

빨치산은 제주도 폭동사건과 여수 · 순천 사건에 연류되어 입산한 양민과 군인들, 또는 6 · 25동란으로 자의거나 타의로 좌익에 가담했던 사람들이다. 대다수가 학대받고 천시당한 빈민계급 출신인 그들은 위아래 없는 '동무' 라는 한 마디에 기꺼이 그 목숨을 인민공화국에 바친 사람들이다. 정세가 불리하면 후퇴하는 것이 군사작전으로 아는데, 그러나 인민공화국은 그들에게 산을 타고 입북하라는 명을 내리지 않았다. 이미 조직은 와해되고 신분이 노출되어 남한에서는 발붙일 데 없는 빨치산에게, 공산조직을 재건하라는 책무를 내렸던 것이다. 그것은 죽으라는 것과 무엇이 다른가. 빨치산에 공감해서 함께 웃고 울던 독자들도 그 대목에 이르자 절벽 위에 버려진 듯한 배신감을 느낀다. 결국 빨치산은 포로가 되거나 손을 들고 내려온 극소수를 제외하고는 배 고파 죽고, 얼어 죽고, 총 맞아 죽고 해서 그 비참한 생애를 마감했던 것이다.

혹자는 말한다. 김일성정권은 그렇게 해서 그의 정적이었던 정통파 공산주의자 박헌영과 그의 지지세력을 제거했던 것이라고.

1948년 대한민국 정부수립 당시, 국민 대다수가 남한의 단독정부 수립을 결사반대했다. 누가 나가라고 한 것도 아닌데

길거리는 노한 군중으로 뒤덮였다. 그러나 오늘날 되돌아보면 소련군 점령하의 북한은 이미 공산정권이 다 짜여져 있었다. 통일정부를 협상하려고 북조선으로 갔던 김구선생은 외면 당하고 빈손으로 돌아왔다. 남북 합작정부를 바란다는 것은 현실적으로 물 건너간 일이었다. 비록 차선次善이기는 하나 그때 남한에서나마 자유민주주의의 발판이 마련되지 않았다면 어떻게 되었을까. 남한은 필경 북조선 인민공화국에 흡수되었을 것이고, 오늘날 우리는 먹을 것을 구하여, 자유를 찾아서 목숨을 걸고 탈북하려 하지 않았을까.

통일은 우리에게 가장 절실하고도 시급한 문제이다. 그러나 어떤 형태의 하나인가는 그에 못지않게 중요하다.

한신대 윤평중 교수도, "하나된 민족이라는 아름다운 그림은 어떤 모습의 하나인가 하는 엄중한 질문을 감추고 있다. 단군 이래 최대의 자유와 번영을 누리고 있는 우리가 그 자유와 유족함을 포기하는 '하나됨'을 과연 용인할 수 있을까? 현직 대통령을 마음대로 조롱하고 비판하는 우리가 '위대한 수령님'에 대한 절대적 충성을 육탄으로 과시해야만 생존할 수 있는 전체문화와 어울려 살 수 있을까?" 하고, 문제의 심각성을 지적하고 있다.

2006

明과 暗
– '열하를 가다'에서

충이회의 중국나들이는 이번이 일곱 번째다. 낙양을 가고 장안을 가고, 배를 타고 장강의 물살을 가르기도 하고 실크로드를 횡단하기도 했다. 이백과 두보 백거이의 고향을 찾고 무덤을 찾고 그들의 발길따라 중국 곳곳을 누비고 다녔다. 그러나 한편의 글을 좇아 8박 9일을, 작가의 발자취를 더듬으며 그와 호흡을 함께 하고자 배낭을 메고 나서기는 이번이 처음이다.

연암 박지원의≪열하일기≫에 대해서는 많은 식자들이 글을 쓰고 논문을 썼다. 식견도 글재주도 없는 사람이 거기 보탠다는 것이 좀 그렇지만 생각을 고쳐먹기로 했다. 그들은 그들이고 내가 보는 견해도 있을 것이 아닌가. 연암이 간 길을 230년, 정확히는 227년이 지난 오늘 그 후손들이 간다. 연암이 살아 있다면 그는 오늘날의 현실을, 중국을 어떤 눈으로 볼 것인

가. 더러는 그의 눈을 빌리는 마음으로 나는 연암의 뒤를 좇았다.

연암은 청나라 건륭의 고희경하사절로 가는 정사 박명원의 삼종제로 그의 수행원이 되어 삼천리 긴 장정에 오른다. 마부 창대는 앞에서 경마를 잡고 하인 장복은 놓칠세라 부지런히 뒤를 따른다. 연암이 탄 말 안장에는 벼루와 석경, 붓 두 자루와 먹 하나, 조그마한 공책 네 권에 이정표 한 묶음이 들어 있다. 그를 태운 말은 자줏빛에 흰 정수리, 날씬한 정강이에 높은 발굽, 날카로운 머리에 짧은 허리, 두 귀가 쭝긋한 것이 만리를 달릴 듯싶다 했는데, 내 말도 크게 뒤지지 않는다. 둔황 명사산의 모래를 밟고 황토고원의 황토를 묻히고, 앙코르와트의 높은 계단을 기어오른 신바람 나는 내 운동화는 끈을 조였다 하면 오른발이 땅을 차기 바쁘게 왼발이 땅을 짚는, 말이 쌩쌩 달릴 때처럼 바람을 일으킨다.

장마와 홍수에 발이 묶여 있던 연암 일행은 열흘째인 1780년 6월 24일, 드디어 용만(의주:지금의 신의주)를 떠나 압록강을 건너게 된다. 그날 아침 연암은 창대와 장복이가 사온 술을 한잔 마시며 먼 길에 탈이 없기를 빌고 남은 술을 문루와 기둥, 땅에 뿌리며 창대와 장복 그리고 말을 위해서도 무사안위를 빌어주었다.

우리 측 출입국관리처의 최전방인 구룡정에서는 출국심사가 기다리고 있었다. 예나 지금이나 밀수가 극성을 부리는 것은 여전했던지 심사는 쥐 잡듯 까다롭다. 우선 인적사항을 파악하고 말의 털빛까지도 기록한다. 금물검사는 황금 · 진주 · 인삼 · 초피와 허용치 외의 불법 은화가 그 대상으로, 신분에 따라 하인은 옷을 벗겨 사타구니까지 만져보고, 무관이나 통역관은 행장을 풀어헤치게 한다. 이불보따리와 옷 꾸러미 · 상자들이 강바닥에 널부러지고, 깃발 세 개를 관문으로 세워놓았는데, 첫째 깃발에 걸리면 곤장을 맞고 물건을 빼앗긴다. 두 번째는 귀양을 보내고, 세 번째는 뭇사람 앞에서 목을 베게 했으니 이만저만 삼엄한 것이 아니다.

그런 절차를 거쳐 드디어 도강渡江.

연암을 따라 우리가 간 곳은 그러나 의주가 아니다. 압록강을 사이에 두고 의주(신의주)를 마주보는 중국의 단동이다. 연암일행이 출국심사에 비지땀을 흘리고, 사나운 물살에 마음 졸이며 강을 건너는 동안 21세기의 선진문명은 우리를 '날것'에 태워 한걸음에 대련공항에 내려놓았다.

요동반도 최남단의 항구도시 대련은 눈이 쌓이지 않는 온화한 기후와 발해만을 끼고 도는 수려한 경관으로 상해 다음 가는 살기 좋은 도시로 손꼽힌다. 한때 러시아와 일본의 통치하에 있었는데, 러시아 식민지 시대의 모스크바식 건물도, 대련을 만주 정복의 교두보로 삼은 일본의 건축물도 철거하지 않았다. 중국땅의 것은 '중국 것'이라는 중국인들의 두둑한 뱃심은 일본 신사의 도리이鳥居에 용을 그린다든가 해서 중국문화로 삼켜버린 것이다.

대련 시내를 벗어난 버스는 발해만을 낀 노호탄 공원에서 잠시 발을 멈추었다. 광장에 세워진 다섯 마리의 거대한 호랑이상은 꼬리를 치켜들고 포획물을 향해서 돌진하는 모습이 중국의 도약상을 보는 듯 생동감이 넘친다.

길을 끼고 도는 발해만 물빛이 푸르고 선명하다. 끝없이 펼쳐진 만주 벌판은 물이 흔치 않아 옥수수를 심고 감자를 심었다. 평화롭고 목가적인 전원풍경에 나는 그만 중국이 공산국가라는 사실을 까맣게 잊게 된다.

버스는 어느새 압록강 강변에 닿았다.

손을 뻗히면 닿을 것도 같고, "어머니!"하고 부르면 "오냐" 하고 대답할 것도 같은 거리에 신의주가 있다. 서울에서 의주로 해서 곧바로 와야 할 길을 우리는 돌고 돌아 여기 왔다. 중국 땅 단동에서 우리 땅을 바라보는 마음이 착잡하다. 반갑고 그립고 그러면서 서럽다.

우리가 서 있는 지점이 강폭이 제일 넓다고 하는데, 물이 깊지 않아 마음만 먹으면 못 올 것도 없다. 군데군데 숲이 있고, 바닥을 드러낸 모래사장이 건너오라고 건너가자고 손짓한다. 건너편 강변에는 붉은 기와를 이은 제법 아담한 이층 삼층 집들이 옆으로 나란히 줄 서 있다. 사람도 없고 빨래 한 점 없는 것이 어째 사람 사는 집 같지가 않고 드라마의 세트장 같다. 건물을 지을 당시만 해도 북측이 우리보다 잘 살았었다.

신의주와 단동을 잇는 압록강 다리는 중간에서 끊겨 험상궂은 모습을 드러내고 있다. 끊어진 단면에 '鴨綠江斷橋(압록강단교)'라는 간판이 붙어 있고, 강변에 세워진 커다란 입간판은, 조선전쟁 중 미군비행기로 해서 작단되었다 ("US Air Force the Korean War on November 8, 1950")고 만방에 선포하고, 현재 구멍 네 개가 남았는데 역사의 증언으로 남겨 놓는다 "有四孔殘留至今成爲歷史見證" 하고 야무지게 못을 박고 있다.

우리가 하룻밤을 묵고 가는 단동은 압록강을 사이에 두고 신의주와 마주 보고 있는 국경도시다. 일찌감치 개방에 눈을 뜬 중국은 압록강변에 '단동변경 경제협력구'를 설치해서 단동을 급속도로 발전시켰다.

저녁을 먹고 압록강 다리를 건넜다. 절반은 북한, 절반은 중국 소속으로, 중국 측 다리를 건넌다. 발아래 물살이 도도해서 조금은 겁을 집어먹게 한다. 물은 국적 없이 무심히 흐르는데 다리는 아니다. 네온 불빛이 휘황한 중국과는 달리 경계선을 그을 것도 없이 불빛이 죽은 곳이 북한이다. 여기서 바라보는 북한 땅은 불빛 없는 암흑의 세계다. 연암이 이 광경을 보았다면…, 그는 의주에서 강 건너 단동의 불빛을 보고는 "어쩌면 저런 세계가!" 하고, 책문을 보았을 때 못지않게 선망의 눈길을 보냈을 것이며, 건너 와서 조선땅을 뒤돌아 보고는 그 암흑세계에 한바탕 통곡을 터뜨렸을 것이다.

압록강 너머 저 땅에 내 사촌들이 살고 있다. 이산가족상봉에서 만났을 때, 의사선생인 언니는 여덟살 위인 남쪽의 언니보다 훨씬 늙어보였다. 평양의 중심가에 살고 있다고 자랑스럽게 말을 했지만, 난방은 되어있으나 전기가 귀해서 이불과 요를 두텁게 하고 지낸다 했다. 그러기로서니 이토록 어두운 세상에 살고 있을 줄이야.

광복이 된 1945년까지 한반도의 전기는 압록강의 수풍댐이 도맡고 있었다. 삼팔선이 그어지자 돌연 남한에의 송전이 끊어지는 바람에 우리는 암흑 속에서 살아야 했다. 그런데, 아, 그런데.

압록강 단교가 정면으로 보이는 호텔 창문가에 서서 명과 암이 극명하게 드러난 두 세계를 보며, 북한정부가 쉽사리 개방하지 못하는 이유를 나는 슬픈 눈으로 확인을 했던 것이다.

2006

호적胡適을 만나다

호적이 원장으로 있었던 타이페이의 중앙연구원에는 그의 흉상胸像이 있다. 단아하면서도 따뜻한 인간미가 감도는 것이 마치 살아있는 사람을 대하는 듯하다. 이렇듯 반듯하고 정감 어린 호적상 앞에 나는 홀린 듯 발을 돌리지 못하고 있다. 내가 좋아하는 것은 선생의 문학적 업적보다 그의 지성과 인품인지도 모른다.

선생이 기거하던 호적기념관도 그런 분위기를 받쳐주고 있다. 선생의 손때 묻은 많은 서적들은 서가에서 주인을 기다리고, 책을 읽다 잠시 자리를 뜬 것처럼 서재도 그의 체취를 그대로 담고 있다. 침실도 손님을 맞이했던 거실도 필요 이상의 비품을 배제한 것이 검소하면서도 고아한 선생의 인품이 그대로 묻어난다.

선생을 흠모하는 사람은 우리나라에도 많다.

"명랑하고 따뜻한 성품, 올곧으면서도 안일에 타협하지 않은 정신, 부분과 전체를 아우를 줄 아는 통찰력, 전통과 현대를 넘나드는 박학, 중용과 균형과 점진을 설파하는 신념" 하고 그의 지성과 인품을 더없이 높이 평가하고 있다. 그 중에도 내 마음을 사로잡은 것은 선생의 결혼이다. '호적의 결혼'이란 글에서 H대의 K교수는, "호적은 미국박사학위를 가진 북경대학 교수로, 누가 보아도 스마트한 외모의 재자才子이며, 게다가 자유주의 전파의 선봉자였다. 그런 그가 어릴 때 약혼한 무식한 여인과 결혼했다."고 말하고 있다. 최고의 지성인인 호적이 배운 것 없는 여인과 어릴 때 어머니가 정혼했다는 사실 하나로 결혼을 하다니!

그 의구심을 풀어주기라도 하듯 호적은 친구 고몽단高夢旦에게 이런 말을 하고 있다.

"나는 약속을 지킨 것보다 더 쉽게 한 일이 없습니다. 이렇다할 희생을 치른 것도 아닙니다. 그저 몇 사람의 마음을 차마 상하게 할 수 없었을 뿐입니다. 만약 내가 약혼을 깨 이들 몇 사람에게 평생 고통을 안겨주었다면 나의 양심의 책망은 그 어떤 고통보다 견디기 어려웠을 것입니다. 나는 그저 내 마음 편한 대로 했을 뿐입니다."

몇 사람의 마음을 차마 상하게 할 수 없었다, 내 마음 편한 대로 했다는 그 고백에서, 여리면서도 곧은 양심과 남을 배려하는 따뜻한 마음을 읽게 된다. 많은 여인들이 그를 흠모하는 것이 무리가 아니다.

중국의 실용주의사조를 대표하는 호적은 1891년 안후이성 지치현에서 태어났다. 관비 유학생으로 도미해서 처음에는 코넬대학에서 농학을 하고, 컬럼비아대학에서 실용주의자이며 철학자이고 교육자인 죤 듀이로부터 철학을 전공했다. 박사학위 취득 후 귀국해서 북경대학 교수 · 총장 등을 역임했으며 한때 주미중국대사를 지낸 바 있다.

호적은 사상가인 동시에 문학자요 시인이며. 수필가요 희곡가이다. 그에게는 최초라는 타이틀이 많이 붙는데, 최초로 구어체인 '백화' 로 글을 썼으며 "백화문학사白話文學史"를 저술했다. 최초로 신시와 희곡을 썼고, 철학계와 문학계의 최초 저작인 ≪중국철학사대강中國哲學史大綱≫을 쓰고, 수필집으로 ≪후스문존胡適文存≫을 남겼다.

호적은 말한다.

"교통 선진화를 위해 자동차를 어떻게 만들 것인가를 연구하지 않고 사회주의자들은 왜 인력거꾼의 노임문제만 물고 늘어지는가." 하며 사회주의자들을 힐책하고, "더 많은 문제를 연구하고 더 적게 주의를 논하자(多硏究些問題 少談些主義)"고 했다. 그의 자유민주적이고 점진적인 개혁주의는 급진적인 공산주의와 상충해서, 중국공산당의 대륙 장악이 임박해지자 48년 겨울 대만을 거쳐 미국으로 망명했다. 57년에는 타이완정부의 유엔주재대사를 역임했으며, 1958년 타이완으로 돌아와 국립중앙연구원 원장으로 재임 중 1962년 심장병으로 사망했다.

나는 호적에 대해서 아는 바가 없다. 그러나 "철학을 포함한 인간의 모든 지적 활동은 세계를 보다 나은 방향으로 개선하는 데 도움을 주는 도구가 되어야 한다."는 그의 철학관과 인생관은 〈썩지 않은 것(不朽)〉과 〈차뿌뛰 선생전〉 등 내가 읽은 몇 편의 글에서도 잘 나타난다.

선생은 〈썩지 않는 것〉에서 세 가지 불후설을 거론했다. "고금을 통하여 칭송 받아온 도덕이나 공적도 물론 불후하지만 아주 범상한 언행을 비롯하여 기름이나 소금 땔감 쌀 등의 일상품, 우매한 지아비나 지어미의 자잘한 일, 일언 일소의 단편들에 이르기까지 모두 불후한 것이다."

"사회는 유기적인 조직이다. 영웅이나 위인들도 물론 불후하지만 물지게꾼, 밥 짓는 이, 심지어 목욕탕의 때밀이와 똥통 청소부에 이르기까지 모두 영원 불후이다."

그는 세상에 존재하는 모든 사물들과 사회의 구성원 모두가 높고 낮음 없이 하나같이 불후하다, 그 구성원들이 모여 사회를 이룩한다고 하였다. 선생은, '나'라는 '소아小我'는 독립된 존재가 아니다. 헤아릴 수 없는 소아와 직간접적으로 상호관계를 지니고 있다." 하였고, 그러므로 '나'라고 하는 소아는 저 영원 불후한 '대아大我'의 무궁한 과거에 모름지기 중대한 책임을 지며, 저 영원 불후한 대아의 무궁한 미래에 또한 중대한 책임을 져야 한다. 마땅히 현재의 소아를 이용하도록 노력해야 비로소 대아의 무궁한 과거와 미래를 저버리거나 방해하지 않을 것이다." 하였다.

무책임한 적당주의를 신랄하게 꼬집는 '차뿌뛰 선생전'에서도 우매한 민중을 일깨우려는 선각자의 사명의식이 절절히 와 닿는다. 선생은 자기가 배운 학문이 자기의 것이라고는 생각하지 않았다. 기회가 주어져서 자기에게 돌아온 배움을 민중의 것으로 돌리고자 하였다.

오늘날 중국인민공화국은 인력거꾼의 노임문제를 물고 늘어지지 않는다. 이데올로기보다는 흰 고양이면 어떻고 검은 고양이면 어떠냐, 쥐를 잡으면 그만이다 하고, 경제대국을 만드는 데 혈안이 되고 있다. 자본주의의 주구로 몰려 살아 생전 중국 땅에 발을 붙이지 못했던 호적, 그러나 그의 '근대화를 위한 실용주의'는 지금 무서운 기세로 중국 땅을 휩쓸고 있다.

호적의 실용철학은 단순히 경제대국을 의미하는 것이 아니다. 그는 이 세상 만물은 모두가 없어서는 아니될 서로가 상의상존相依相存하는 존재라며, "나라는 소아는 독립된 존재가 아니다. 영원 불후한 대아의 과거와 미래에 중대한 책임을 져야 한다."고 했다. 중국정부가 그런 역사의식을 가졌다면 '동북공정'이니 하며 고구려를 자기네의 변방으로 역사를 날조하거나, 티베트의 주권과 인권을 유린하는 우는 범하지 않을 것이다. 그들이 진정 차세대의 영도자가 되고자 한다면 그런 패권주의 사상으로 스스로의 위상位相에 흠집을 내지는 않을 것이다.

2008

胃大한 것은 偉大하다

- 林語堂故宅을 찾아

임어당 하면 파이프를 입에 문 유유자적한 모습이 떠오른다. 그 파이프는 1970년 6월, 국제펜대회에 참석차 내한한 그가 청와대 초청으로 박 대통령과 악수를 할 때도 그의 입에서 떠나지 않았다. 입빠른 사람들은 쿠데타로 정권을 장악한 독재자에 대한 무언의 항의라고들 수군거렸지만, 세속의 권위 따위는 대단치 않게 여겼던 것이 아닐까 싶다.

대만의 양명산 기슭에 자리 잡은 임어당 고택은 선생이 마지막 십 년을 보낸 곳이다. 마당을 가운데로 하는 중국식 사합원 구조에 스페인식을 배합한 백색의 2층 건물로 선생이 친히 설계했다. 대지면적은 그리 넓지 않으나 중앙에 흰 기둥을 세운 건물이 있고 정원에는 선생이 사랑했던 대나무와 돌 벤치가 있다. 돌 벤치에 걸터앉아 기념사진을 찍으니 서걱이는 대나무

소리를 들으며 무념무상에 잠겼을 선생 모습이 보는 듯 선하다.

선생은 그 집을 무척 사랑했다.

“집 안에 정원 있고, 정원에 나무 있고, 나무 위에 하늘이 있고 하늘 위에 달이 있으니 이 아니 즐거운가.”라고 읊으며, 사후도 여기 묻히기를 원했다. 삶과 죽음이 동거할 수는 없는 일이지만 다름 아닌 임어당선생의 소원이 아닌가. 선생은 지금 마당 가운데 편히 몸을 뉘이고, 하늘의 달을 바라보고 별을 헤아리며 그를 찾는 많은 사람들을 맞아들이고 있다. 그에게는 무덤 또한 삶의 연장이다.

생전에 거실로 객실로도 사용했다는 유불위재有不爲齋에 들어서니 선생의 사진과 글이 벽 하나를 차지하고 있다,

兩脚踏東西文化　(양각답동서문화)
一心評宇宙文章　(일심평우주문장)
熱愛故國不泥古　(열애고국불니고)
樂享生活不流俗　(요향생활불유속)

— 林語堂

동서고금을 넘나들며 예봉을 휘둘렀던 임어당은 “고국을 사랑하되 옛것을 고집하지 않고, 삶을 향유하되 속에 흐르지 않다” 하고 살아온 날을 술회한다. 바로 선생의 사상과 삶을 대변한 글이다.

1895년 복건성 용계의 가난한 목사 집에서 태어난 선생은

상해의 세인트 존슨요한대학을 거쳐 하버드대학에 유학하고, 독일의 라이프치히대학에서 수학했다. 귀국 후 북경대학 영어 교수, 북경사범대학 교수를 역임했으며 소설가로 수필가로 문명비평가로 언어학 학자로, 중국어와 영어로 글을 써서 세계적인 명성을 얻었다. 저서로는 유머와 풍자를 주장하는 ≪논어≫와 평론집 ≪나의 국토, 나의 국민≫, ≪생활의 발견≫, 소설 ≪北京好日≫,≪폭풍 속의 나뭇잎≫ 등이 있다.

≪생활의 발견≫에서 그는,

"철학이란 일반적으로 단순한 사물을 이해하기 어렵게 하는 학문처럼 생각되고 있지만, 나는 어려운 것을 간단하게 만드는 학문이 바로 철학이라고 생각한다."

"인생이라는 것은 결국 먹고 자고, 친구들과 모였다가 흩어지고, 친목회나 송별연을 베풀고, 눈물을 흘리고 웃고 ……, 이웃사람이 지붕에서 떨어지는 것을 바라보는 것으로 날을 보내는 것이기 마련인데,"

"그런 단순한 인생현상에 관한 우리들의 생각을 일종의 아카데믹한 횡설수설로 꾸며대는 것은 대학교수들이 자신들의 형편 없는 빈곤한 의식과 극도의 공막空漠함을 감추기 위해 부리는 속임수에 지나지 않는다." 라고 말하고 있다. '철학이란 어려운 것을 간단하게 만드는 학문' 이라고 몽똥그리니 얼마나 알기 쉬운가. 쉬운 것을 어렵게 말하는 학자들을 비꼬는 익살도 재미있지만 그는 격식에 구애되지 않는 자연스런 삶을 즐겼다.

"나라는 인간은 의자에 털썩 기대앉기로 소문이 자자한 사람"이라며, "안락의자란 축 늘어지듯이 걸터앉는 외에 무슨 용도가 있단 말인가?"라고 반문하고 있다.

"소파에 벌렁 나자빠지는 내 습관과, 친절미가 있으며 쉽고 부드러운 문장을 현대중국의 저널리즘에 주입하려고 하는 나의 숙망宿望 사이에는 밀접한 관계가 있다." 하고, 그의 글이 편안한 것은 편안한 자세에서도 온다고 말한다.

필요 이상의 매너를 강조하는 서양식 식사법도 그의 취향에는 맞지 않다. 수박은 입으로 씨를 발라 가며 먹어야 맛이 있다. 맛있는 것은 맛있다 하고 입맛을 다시는 것이 자연스럽다. 까탈스런 식사법보다 맛있게 먹어주는 것이 음식에 대한 예의라고 보았던 것이다.

그는 또 "胃大한 것은 偉大하다."고 했다. 배부른 것보다 고마운 것이 또 있는가. 금강산도 식후경이라 했다. '양반은 냉수 마시고도 용트림한다.' 며 거드름 피우던 샌님들에게 시원하게 한방 날린 것이다. 임어당이 존경 못지 않게 많은 사람들의 사랑을 받는 것도 격식에 구애되지 않은 그 솔직함이다. 중국고전과 서구문명을 넘나들며 그가 얻은 것은 인간다운 삶은 꾸미지 않은 자연 그대로의 모습이라는 사실이다.

선생의 손때 묻은 생활용품들이 전시된 기념관에 들어가니 유독 파이프가 눈에 들어온다. 일곱 여덟 개나 되는 이런저런 파이프를 보고 있으니, 나라 원수와 악수할 때도 그의 입에서 떠나지 않았다는 그 도도한 파이프가 어느 것이었을까 궁금해진다.

삶을 향유하되 속俗에 흐르지 않았던 선생은 저 세상에서도 안락의자에 비스듬히 누워 파이프를 물고 있을 것이다. 파이프가 아니라도 그렇게 편한 자세로 인생을 향유한다면 삶이 얼마나 유유자적할 것인가.

2008

수필사에 빛나는 발자취를 남기고

– 매원선생을 기리며

선생이 가신 지금 이런 글이 무슨 소용이 있겠는가. 한갓 푸념에 지나지 않은 것을.

선생은 암 재발로 2002년 봄부터 2003년 3월 운명하실 때까지 근 일 년을 입원과 퇴원을 되풀이하셨다. 보통 일주일이면 한 단계 치료가 끝날 것을 수치가 모자란다 해서 시일을 끌고, 치료의 후유증으로 퇴원을 늦추다보니 한번 입원하면 한 달이 되고 두 달이 되곤 했는데, 그것을 여러 차례 반복하고 있었다. 그때의 나의 일기장에는 이런 글이 있다.

2002년 10월 27일

아카데미 하우스에서 ≪정약용의 수필세계≫ 세미나를 마

치고 귀가했다. 와병 중인 매원선생은 어제 개회식 석상에서 회장 인사를 간단히 마치고 서둘러 집으로 가셨다. 이것이 공식 석상에서의 마지막 모습일지 모른다는 생각에 인사를 하는 선생도 듣는 참석자도 모두 분위기가 침통했다.

집에 돌아오자 선생께 전화를 했다. 목소리가 너무 가냘파서 가슴이 내려앉았다. "우리 모두 선생님을 사랑합니다. 존경합니다." 달리 위안의 말을 찾지 못해서인지, 생각지도 않게 사랑한다는 말이 불쑥 튀어 나왔다. 선생은 "무얼 존경까지나." 하셨다.

11월 14일

병문안 간 나는 선생이 곤히 잠드신 듯해서 가만히 지켜보고 있었다. 그때 김 대리가 ≪에세이 문학≫ 겨울호 목록을 들고 들어왔다. "에세이 문학"이라는 말에 선생은 벌떡 일어났다. 힘없이 감겼던 눈이 크게 열리고 눈에 광채가 났다. 수필을 대하는 순간 오관이 한꺼번에 살아난 것이다. 옆에서 지켜보던 사모님도 "참으로 못 말릴 사람"이란 표정이 역력했다. 선생에게는 수필이, 에세이문학이 가족보다 자신의 생명보다 소중하다는 것을 새삼 느꼈다. 누가 선생만큼 수필을 사랑할 수 있을까. 수필을 쓰는 사람은 많아도 수필을 하는, 수필로 숨을 쉬는 사람은 없다. 선생은 "수필이 나를 살리기도 죽이기도 한다." 하셨다.

자신의 생명이 길지 않다는 것을 알고 선생이 염려한 것은 자신의 생명도 가족의 생계도 아니다. 누가 나처럼 에세이문학을 아끼고 소중히 가꾸어 갈 것인가 하는 문제였을 것이다.

12월 17일

선생의 제자들 모임인 송현수필 합평회가 끝나고, 선생의 고희기념 수필집 ≪애깃거리가 있는 인생을 위하여≫를 들고 우리 모두 병원으로 갔다. 고희는 내년이지만 서둘러 책을 출간했던 것이다.

선생의 얼굴은 다소 부은 듯했으나 대리석 같이 희고 깨끗했다. 암의 말기현상인 초췌한 모습을 대하지 않은 것이 한가닥 위안이 되었다. 선생의 맏제자인 이재희 선배님이 증정한 수필집을 손에 든 선생은 무척 기분이 좋으시다. "의사가 이제 더는 할 일이 없다고 했어요. 나는 모든 것 다 놓았어요." 하면서, "박 아무개 만세!"를 불러달라 하셨다. 우리가 만세 삼창을 하자, 선생은 수필집을 부둥켜안고 어린애처럼 엉엉 소리내어 울었다.

2003년 2월 6일

혈관주사를 놓기 위해 수술실을 다녀 와서인지 오늘 선생의 컨디션은 어느 때보다 좋다. 이제 그만 가겠습니다 하는 나를 붙들어 앉히고 이 얘기 저 얘기 지난 얘기들을 하신다. 젊은 시절 사주를 보니, "심부름꾼이 될 것이다. 그러나 하찮은 군수보다 낫다."는 말을 들었다며, 기꺼이 수필의 심부름꾼이 된 것을 만족해 하신다.

침대에 앉아 식탁을 당겨놓고 ≪에세이 문학≫ 봄호의 원고를 손질하다가,

"잘 쓴다는 사람도 이렇게 손볼 데가 많으니, 에세이문학 못 잊어 어떻게 가지?" 하신다. 말과는 달리 그때 선생의 얼굴은 맑고 편안했다. 그렇게 두세 시간 앉았다 왔는데 그것이 선생과의 마지막 대화가 될 줄이야.

2월 26일

≪에세이 문학≫봄호 발송을 마치고 몇 사람이 병실을 찾았다. 맹난자씨가 드리는 책을 받고 "에세이문학" 하고 입속에서 중얼거리며 책장을 넘기는 시늉을 하더니 책은 손에서 떨어져 나가고 선생은 눈을 감았다.

이제 수필도 선생에게 산소 구실을 못하게 된 것이다. 그 순간 삶의 끈을 놓아버린 것이리라. 이튿날 산소 호흡기를 달았고 열흘 후인 3월 7일 새벽 4시 70세를 일기로 생을 마감했던 것이다.

매원선생의 글은 쉽고 편안하다. 선생의 대표작인 〈바보네 가게〉 〈외갓집 만들기〉 〈말을 알아듣는 나무〉를 읽으면, 이런 글이면 나도 쓸 수 있겠다는 생각이 든다. 그러나 쉬운 글이 결코 쉽지 않다는 것을, 쉽게 쓰인 듯한 선생의 글이 몇 번을 읽어도 싫증나지 않으니 묘하다는 생각을 하게 된다.

"한송이 국화꽃을 피우기 위해 / 봄부터 소쩍새는 그렇게 울었나보다" 라든가 " 내가 그 이름을 불러 주었을 때 / 그는 내게로 와서 / 꽃이 되었다" 는 시구는 그 빛나는 한 구절로 해서 독자의 가슴을 사로잡는다. 수필의 경우도 "내 나이를 세어 무엇하리. 나는 지금 오월 속에 있다."와 같은 금 싸라기 같은 구절이 선생에게는 없다.

〈신록의 여인〉 에서 선생은 "올해도 어김없이 우이동 골짜기는 신록으로 뒤덮여 있었다. 작년에도 아니 재작년에도 와 본 곳이라고 싫증난다는 사람은 아무도 없었다."하였다. 신록이 싫증나지 않듯, 선생의 글은 일상 대하는 산과 들처럼 포근하고 따뜻하다. 처음 대하는 사람도 도무지 낯설지가 않다.

평범하면서도 결코 평범하지 않은 비결은? 사람도 물건도 놓일 그 자리에 있을 때 제 몫을 하고 빛을 발한다. 선생의 경우 흙 한줌, 돌 하나, 풀 한 포기, 그 모두가 있을 그 자리에 놓여 있다. 소박한 소재들로 빛을 내는 것이 선생이 말하는 '무기교의 기교'인가. 쉽게 읽히고 가슴에 와 닿는, 선생의 글이 생명력을 갖는 것도 다 이유가 있는 것이다.

글에 있어서 선생은 참으로 엄격했다. 한번은 글 심부름을 한 적이 있다. 많은 독자들이 ≪에세이문학≫을 받으면 그 분의 글부터 읽게 된다는 대가의 글을 전달했는데, 선생은 글을 싣지 않았다. 글 하나로 흐려진 이미지는 좋은 글 다섯 편으로도 만회하기 어렵다 하시며 "그 작가를 존중해서 글을 싣지 않았다"고 했다.

"수필에 관한 일은 아무개한테 물어라. 거기 가면 다 있다."

그런 말을 들을 만큼 선생은 수필의 살아 있는 백과사전이었다. 언젠가 '김소운' 에 대한 글을 쓰고 싶다고 했더니, 선생은 내게 책 몇 권과 이와나미 문고(岩波文庫)판 김소운역편 ≪조선시집≫과 한국 현대시 일어대역日語對譯 ≪김소운 대역시집≫ 전문을 복사해서 보내 주셨다. 수필에 보탬이 되는 일이면 선생은 그 누구에게도 '견마지로'를 아끼지 않았고, 좋은 글을 만나면 그 작가를 ≪에세이 문학≫에 모셔오기에 '삼고지려'를 마다하지 않았다.

유고집이 된≪애깃거리가 있는 인생을 위하여≫의 '첫머리' 에 "사사로운 이야기를 써도 문학이 된다는 사실, 내게는 얼마나 고마운 일인지 모른다." 고 했다. 선생의 그런 어려운 시기가 있었기에 오늘날 많은 수필가들이 존재한다 생각하면 저절로 고개가 숙여진다.

선생은 갔다. "여러분은 나의 자존심"이라던 분은 이제 가고 아니 계시다. 어느 누구가 우리에게 그런 전적인 신뢰를 실어 줄 것인가. 그 신뢰 하나로 자신을 채찍질한 우리가 아니던가.

이 세상에 왔다 갔다는 흔적을 남기고자 손톱에 피멍이 드는 아픔으로 시작한 선생의 수필쓰기는 이 땅의 수필사에 거대한 발자취를 남겼다. 선생은 가도 간 것이 아니다. 수필문학 속에서, 우리 가슴 속에 길이 길이 살아 있다.

이제 다 놓으시고, 수필도 놓으시고 고이 잠드소서.

2003

한 자루 붓이 되어

졸저 ≪전화 여행≫을 들고 어느 창작 교실에 갔을 때 일이다. 강좌를 맡고 계신 J선생님이 "저자도 한마디 하시오." 한다. 인사말이라도 해야지 하고 일어났으나 말이 생각나지 않았다. 얼떨결에 한다는 소리가 "나는 글을 빨리 쓰지 못합니다." 하고 말았다.

나는 글을 빨리 쓰지 못한다. 원고지 열다섯 장 안팎의 글을 쓰는 데 몇 달이 아니라 몇 년이 걸리는 것도 있다.

나의 수필집 제목으로 쓰인 〈전화 여행〉도 그러하다.

어느 모임에서 고독을 이기려고 10년 동안 편지를 썼다는 무기수無期囚의 이야기가 나왔다. 그 무기수가 부칠 곳도 없고 쓸 의욕도 잃어 끝내 붓을 꺾고 말았다는 말에 나는 가슴이 내려앉는 듯한 아픔을 느꼈다. 지금 이 시간도 전화로 울적함을 달래고 있을 남편이 떠올랐던 것이다.

내가 그런 말을 했더니 옆에 있던 R선생님이 글감이 된다고 생각했음인지 '전화 여행'이란 제목을 달아주셨다. 그러나 나는 오랫동안 글을 쓰지 못했다. 상대방이 그리 달가워하지 않는 남편의 일방적인 통화가 그럴 의욕을 앗아갔던 것이다. 친구들을 찾는 남편의 끈질긴 노력이 잃었던 초등학교 동창을 찾게 되고, 아버지의 새벽 전화에 잠을 설친다던 아이들이 그 시간을 기다리게 되었다는 말을 듣고서야 글이 풀리게 되었다.

그 책에 수록된 〈존재의 집〉의 경우도 그러하다. 아이들이 주민등록이라는 존재의 집에서 하나 둘 떠나가고 우리 부부만 남게 된다. 그러다 우리 부부도 그 존재의 집에서 자취를 감추게 될 것을 생각하니 허전함을 달랠 수가 없었다. 우리에게 뼈와 살을 남기고 얼을 심어주신 조상님들을 떠올림으로 해서 비로소 위안을 얻었던 것이다.

남편의 병을 다룬 〈讚歌〉라는 글도 예외는 아니다. 부자가 천국 가기는 낙타가 바늘구멍 지나기보다 어렵다고 했다. 남편이 건강할 때는 가진 것보다 내게 없는 것이 크게 보였다. 그가 쓰러진 다음에야 살아 있다는 것만으로 감사하게 되었으니, 나를 철들게 하기에 남편이 치른 대가가 너무 크지 않은가. 그가 창 밖의 눈부신 신록을 보고 애국가를 부르지 않았다면, 남편으로 해서 세상을 달리 보게 되었다는 〈찬가〉라는 글은 쓰지 못했을 것이다.

난생 처음 내놓은 수필집을 손에 든 내 소감은 '이제는 가져

갈 것이 하나 생겼구나.' 하는 안도감 같은 것이었다. 지금까지 나는 무엇 하나 해놓은 것이 없다. 작심삼일이다 보니 학교 다닐 때도 개근상이나 정근상 같은 것을 타본 적이 없다. 그런 사람이 느지막이 글공부를 시작해서 수필집 한 권을 엮어 놓았다. 글이 좋고 나쁘고를 떠나서, 거기 쏟은 정성과 진지한 자세는 저 세상까지 가져가고 싶은 것이다. 이승에서 얻은 권세와 재물은 모두 버리고 가지만 맑은 영혼은 가져간다고 들었다.

내게 있어 글은 무엇을 의미하는가. 〈삼무남편三無男便〉이란 글에서도 말했지만, 남편이 병이 나지 않았다면 나는 글을 쓰지 않았을지도 모른다. 산다는 것을 너무 쉽게 생각해서 그래저래 한 생을 흘려 보냈을지도 모른다.

십수 년을 몸이 불편한 남편과 군소리 없이 지낸다 해서 '열녀'라는 말을 쓰는 사람도 있다. 그러나 자기희생적인 냄새가 물씬 나는 그 호칭을 그리 달가워하지 않는다. 오만일지는 모르나 나는 누구를 위해 산다고는 생각하지 않는다. 내가 소중한 만큼이나 상대방도 소중하기에 그가 나를 필요로 할 때 옆에 있어 주는 것이 부부라고 알고 있다. 오랜 세월을 버틸 수 있었던 것도 주어진 운명이라기보다 '내가 선택한 길'이라는 자부심 때문일 것이다.

뿌린 만큼 거두고 원한 만큼 살고 간다고 한다. 예사롭게 들었던 그 말이 나이가 드니 가슴에 와 닿는다. 나는 무엇을 원했으며 얼마만큼 살다 가는 것일까. 하늘을 우러러 한 점

부끄럼 없기를 바랄 수야 없지만, 치사하게 살지는 말아야 할 터인데, 그것도 쉬운 일은 아닌 것 같다.

내 의식 속에는 참으로 많은 내가 살고 있다. 산사의 범종 소리는 가사 장삼을 걸친 스님으로 나를 그 자리에 서게 하고, '작년에 왔던 각설이가' 하는 품바의 각설이 타령은 어쩌면 그들이 가장 정직하고 속 편하게 한 세상 살다 가는 것이 아닌가 하는 생각이 들게 한다. 단심을 노래하는 춘향이가 있는가 하면, 바람 따라 구름 따라 살다간 황진이도 있다. 마음씨 착한 흥부와 탐욕스런 놀부도 있다. 수많은 얼굴들이 더러는 욕망으로, 더러는 한으로 내 의식 속에 공존하고 있다.

생각은 인因이 되고 인은 과果를 낳는다 했다. 얼마나 많은 생을 살아야 그 욕망의 불꽃을 잠재울 수 있을 것인가.

한 자루의 붓은 나의 윤회의 수레바퀴를 대신해 줄지도 모른다. 더러는 춘향이가 되고 진이가 되어 걸림이 없는 삶을 살게 하고, 그 한을 불사르게 할지 모른다. 그렇게 하나하나 마음을 비우다 보면 끊임없이 생사를 되풀이해야 하는 윤회의 굴레에서 벗어나게 될지도 모른다.

1998

3부

生을 返照할 나이가 되니

거실에 앉으면 나는 습관처럼 리모컨을 누른다. 텔레비전에서는 '마음의 창'이라는 프로가 방영되고 있다. 오늘의 주제는 '첫 보따리를 싼 날'이다. 처음 가출한 날이란 뜻인 듯하다.

맨 처음 등장한 주부가 경험담을 말했다. 시부모님 회갑을 맞아 남편 형제들이 50만 원씩을 거두기로 했다. 15년 전의 50만 원이니 신혼부부에게 여간 큰 돈이 아니다. 전세보증금을 200만 원으로 낮추고 45만 원을 마련했다. 이만하면 최선을 다했다고 생각했는데, 남편은 모자라는 돈 5만 원을 아내 몰래 빚을 내어 채웠다는 것이다.

아내는 보따리를 싸고 집을 나왔다. 막상 나오고 보니 갈 곳이 없다. 친구 집에서 하루를 보내고 집에 돌아왔는데, 그 후부터 남편은 작은 일도 아내와 상의하게 되었다고 한다.

다음은 농촌으로 시집 간 주부의 차례다. 시집을 갔더니 편찮으신 시부모에 시동생 시누이들이 줄줄이 있고, 농사가 많아 잠시도 허리 펼 짬이 없다. 너무 힘들어 친정으로 달아났는데, 친정아버지는 밥도 주지 않고 야단만 쳤다. 다시 시집으로 돌아가 그 어려운 시집을 살았다며, 농촌생활 20년에 지금은 50명분 식사쯤은 혼자 손으로 거뜬히 해낸다며 활짝 웃는다. 그 건강한 웃음에 스튜디오에 앉아 있는 방청객은 물론 나도 덩달아 박수를 쳤다.

위의 두 사람에게는 가출이 그들의 삶에 좋은 인생경험이 되었다. 그러나 일이 다 좋게만 풀리는 것은 아니어서 가출로 해서 이혼에 이른 사람들을 나는 알고 있다.

지금 살아 있다면 아흔도 넘었을 것이니 오래된 얘기다. 연애로 맺어진 부부였는데 남편은 아내를 자기가 공부하고 있는 일본으로 데리고 가서 전문학교를 마치게 했다. 그들의 젊은 시절 앨범에는 남편은 아코디언을 켜고 아내는 기타를 치며 노래하는 사진도 있어 그들 부부의 낭만적인 삶을 말해준다.

그런 낭만을 못 잊었음인지 귀국 후도 부부싸움을 하면 아내는 신혼의 보금자리였던 도쿄로 가버렸다. 남편은 아내를 찾아 현해탄을 건넜고, 며칠 후면 신혼시절의 다정한 한 쌍이 되어 집으로 돌아오곤 했다. 그런 일이 연례행사처럼 되풀이되었다. 아내가 마지막으로 집을 나갔을 때도 일이 그렇게 될 줄은 아무도 예측하지 못했다. 남편 양복까지 들고 간 것을 보면 곧 뒤따라 올 것이라고 믿은 듯하다.

불행히도 며느리가 없는 사이 시어머니가 쓰러져 사흘 만에 운명하셨다. 연락이 닿았는지 아닌지 아내는 장례에 나타나지 않았다. 어머니의 외아들이었던 남편은 아내를 찾지 않았다. 그렇게 해서 그 부부는 헤어지고 말았다.

이야기는 그들에서 끝나지 않았다. 아내의 가출이 사랑의 활력소로 작용하던 시절, 그들 부부의 감미로운 삶을 선망하던 어느 여인은 남편과의 사소한 충돌로 집을 나갔다. 남편이 데리러 올 것이라는 달콤한 기대를 갖고 있었는데, 남편은 아내를 찾지 않았다. 대문을 나간 사람은 집에 들여놓을 수 없다는 시댁식구들의 강경한 태도에 어이없게도 그 부부는 갈라지고 말았던 것이다.

40여 년이란 긴 결혼생활에서 나는 한 번도 집을 나갈 생각을 하지 않았다.

우리는 결혼을 하고 이내 살림을 났는데, 어느 날 무심코 열어본 남편의 패스포드에서 몇 장의 사진을 발견했다. 군복차림의 남편사진과 한복을 곱게 차려입은 처녀시절의 나의 독사진, 그 옆 칸에 난데없이 육군중위 견장을 단 여군의 사진이 끼어 있다. 누구냐고 물었더니 전방에 있을 때 친하게 지냈던 동료라며, 그 사진이 거기 끼어 있을 줄 몰랐다고 한다. 나는 그 말이 거짓이라고는 생각하지 않았다. 조석으로 들여다보는 사진이라면 행여 내 눈에 띌세라 그런 데 두지는 않았을 것이다.

나는 잠자코 내 사진을 찢어버렸다. 왜 당신 사진을 찢느냐고 의아해 했지만 내 사진이 다른 여자와 같이 있었다는 게 모욕을 느꼈던 것이다.

큰아이를 가져서 입덧이 심했을 때의 일이다. 퇴근길에 빵집에 들러 식빵을 사달라고 부탁을 했는데, 아들을 하늘처럼 받들던 집안에서 자란 남편은 여자가 어떻게 자기 입을 섬기느냐며, 그날도 이튿날도 다음 다음날도 끝내 사다주지 않았다. 입덧하는 아내를 위해서라면 하늘의 천도복숭아도 따올 판인데, 이건 이혼사유로 오르고도 남을 일이 아닌가.

회상에서 깨고 보니 화면은 아직도 가출한 아내들의 이야기다. 남편의 비자금이 문제가 되어 집을 나간 사람도 있고, 아내의 생일날을 기억하지 못하는 남편의 무관심이 사단이 되기도 했다. 가출을 극약으로 알았던 우리 때와는 달리 요즘 젊은이들은 의사표시의 수단으로 생각하는 것 같다. 여권이 그만큼 자리를 잡은 것 같아 반갑기도 조심스럽기도 하다.

나는 식사 후 손이 심심하면 식탁 위의 병을 기울여보는 버릇이 있다. 그때마다 느끼는 것은 병이 도로 서느냐 넘어지느냐는 극히 미묘한 각도의 차이에서 온다는 사실이다. 사람의 일도 그럴 것이다. '나'를 주장하면서도 슬쩍 양보도 하는 것이 삶의 묘리라고 하겠는데, 그런 묘리를 터득했더라면 지난 삶이 보다 자재롭지 않았을까.

인생을 반조返照할 나이가 되니 자신을 다독이는 삶이 잘한 일만은 아닌 것 같다. 실수하지 않으려고 몸을 사리다보면 가슴은 식어버리고 마는 것이 아닌가. 더러는 실수도 하며 가슴과 가슴이 뜨겁게 부딪쳐 보았더라면…, 그것이 보다 인간다운 삶이 아닐까 하는 생각을 하게 된다.

1998

분가

딸은 태어나면서부터 떠나는 존재로 키워졌던 우리 세대.

신행 간 딸을 사돈댁에 내려놓고 돌아오면서 남편은 시야가 흐려져 차를 몇 번이나 세워야 했다. 그러나 아들내외 신혼여행 떠나보낸 우리 부부는 하객들과 어우러져 덩실덩실 춤을 추었다. 딸을 보낼 때와는 달리 새 사람 맞아들인다는 그 충일감充溢感!

"엄마, 나 크면 아빠 옷 입고 회사 가서 돈 많이 벌어올래."

양복을 손질하는 내 곁에서 네 살짜리 환이가 한 말이다.

"돈 벌면 누구 줄래?"

엄마 주겠다는 말이 나올 줄 알았는데 웬걸 색시 주겠다는 것이 아닌가. 엄마를 줘야지 했더니,

"그럼 색시 지네 집에 가버리면 어떡해."

하는 표정이 자못 심각하다.

"엄마 쬐끔 주고 니 색시 많이 주라."

그제서야 안심이 되는지 아이는 자동차 경주놀이를 계속했다.

그 아이가 학업을 마치고 취업통지서를 받던 날, 나는 아들이 장성해서 한 사람 몫을 하게 되었다는 사실에 적지아니 흥분했다. 서류를 준비해서 하루 속히 발령을 받아야 하지 않겠느냐고 서두르는 나와는 달리, 아들 취업에 동분서주하던 남편은 뜻밖에도 서둘 필요가 없다며 늦장을 부린다. 출근하게 되면 힘들다고 쉴 수도, 싫다고 그만 둘 수도 없다. 남자는 평생을 가족 생계를 책임져야 하니 단 얼마동안이라도 쉬게 하자는 것이다. 어린 나이에 생활전선에 뛰어들어야 했던 자신의 지난 날을 생각하고 그는 아들의 취업에 코끝이 찡하다. 부성애가 결코 모성애 못지않다는 것을 새삼 절감했던 것이다.

그 아들이 결혼을 했다. 얼마동안 같이 살다가 얼굴이나 익히고 살림 내주기로 했던 남편과 나의 계획은 그러나 남편의 돌연한 와병臥病으로 자꾸만 뒤로 미루어졌다. 병상에 누운 아버지와 그 곁을 떠나지 못하는 어머니를 위해 죽 쑤랴, 세 끼 조석 챙기랴 하는 며늘아이가 안쓰러워 나는 집이 처분되는 대로 살림 내주기로 마음먹었다.

서둘러 집을 내놓았으나 그해따라 매매가 침체되어 좀처럼 임자가 나서지 않았다. 여름에 내놓은 집이 겨울에 접어들어서야 겨우 흥정이 들어왔는데, 나는 스스로에게 한 약속이 부도날까 봐 몇 년 전에 산 가격에도 못 미치는 헐값에 매도계약을 맺었다.

도장을 찍고 나오니 밖은 어둠이 짙고 동짓달 찬바람이 가슴 한복판을 휘젓고 지나갔다. 이 추위에 집을 한 채도 아닌 두 채를 얻어서 이사할 일이, 그보다도 아이들과 떨어져 아직도 병상에서 헤어나지 못하는 남편과 따로 살림을 차려야 한다는 서글픔이 추위보다 더한 아픔으로 엄습해 왔다. 순간 18년 전에 세상을 뜨신 시어머님 말씀이, 까맣게 잊은 줄 알았던 그 말씀이 생생히 되살아났다.

"늙으면 아이가 된다더니 너와 아범을 떠나보내고, 너희들 모습이 멀리 사라져 가는 것을 보니 문득 아범 어릴 적 생각이 나더구나. 내가 나들이 갈 때면 따라가겠다고 떼를 쓰며 울었는데, 내가 마치 어미를 잃고 울던 그 아이 같구나."

아들 내외를 서울로 떠나보내고 언제까지 그 자리에 서 계시던 어머님 모습이 선했다. 그것은 오늘날의 내 모습이고 몇 십년 후의 며느리 모습이기도 하다.

"하비야 함미야, 아빠 차 타고 붕붕 가자."

세 살짜리 손주녀석은 오늘도 한방 가득 레고를 벌려놓고 아빠 차를 만드느라 정신이 없다. 그 얼굴이며 몸집하며, 그보다도 유난히 두툼한 손과 발은 어쩌면 제 할아버지와 그리 흡사한가. 나는 거기 30년 전의 아들을 보았다. 그리하여 우리는 아무것도 잃은 것이 없음을, 어제를 딛고 힘찬 내일이 움트고 있음을 보았던 것이다.

1990

손녀딸의 그림책

그림을 하나하나 짚으며 "까치, 참새, 까마귀"하고 읊어대던 손녀딸이 잠이 들었다. 펼쳐놓은 그림책을 접으려고 무심코 들여다보던 나는 그림 속의 참새에게 눈이 갔다. 꼬부라진 우산 손잡이 위에 달랑 올라앉은 아기참새, 그 모습이 여간 귀엽지가 않다. 그림에 끌려 책을 집어들었다. 까마귀도 같이 등장하는데 이런 글이 실려 있다.

> 툭툭 투투둑 비가 와요.
> "나는 깃털이 젖는 게 싫어." 아기참새가 말했어요.
> "나는 깃털이 마른 게 싫어." 까마귀는 말했어요.

'젖다'와 '마르다'가 글 제목으로 쓰인 걸 보니 아이들에게

반대 개념을 심어주려는 글인 것 같다.

깃털이 마른 것이 싫은 까마귀는 나뭇가지 위에서 비를 맞고, 젖는 게 싫은 아기참새는 여자아이가 펴든 꼬부라진 우산 손잡이에 앉아 깃털을 말린다. 생각이 다른 까마귀와 참새가 서로 아웅다웅하지 않고 너는 너 좋을 대로, 나는 나 좋을 대로 노는 모습이 옆에서 보기에도 흐뭇하다.

다음 페이지를 넘기니 양들은 한가롭게 풀을 뜯고 양치기 아이는 쿨쿨 잠을 자고 있다. 잠든 아이의 발가락 위에 까마귀가 앉았는데, 까마귀는 아이가 입에 물고 있는 꽃에 마음이 가는지 부리를 길게 내밀고 있다.

이 그림에는 쉽게 싫증내는 아이들 마음을 헤아려서 호주머니 속에 다른 페이지를 숨겨 놓았다. 닫힌 페이지를 열어보니 윗면에는 세 마리 양을 거느린 어린 목동이, 아랫면에는 열 마리도 넘는 많은 양을 거느린 아저씨 양치기가 있다. 아저씨는 몸을 뒤로 젖히고 보란 듯이 으스대는데, 어린 목동은 그 많은 양떼가 마냥 부럽다. '적다'와 '많다'의 개념을 이렇게 재미있게 풀어놓았다.

'작다'와 '크다' 란에는 키 작은 요정과 키 큰 거인이 한 마을에 산다. 작은 요정들은 조그만 버섯집에 사는데, 버섯집과 해바라기 사이에 매단 빨랫줄에는 물방울무늬의 티셔츠와 양말 두 짝이 나란히 햇볕을 쬐고 있다.

꼬마요정들은 거인의 몸을 놀이터로 알고 있다. 손바닥을 운동장으로 알고 달리기를 하고, 허리끈을 잡고서는 타잔처럼 신나게 줄타기를 한다. 나무밑동처럼 튼실한 장화를 돌며 "나 잡아 봐라!"하고 숨바꼭질을 해도 마음씨 좋은 거인아저씨는 "잘들 놀아라."하고 큰 몸을 선선히 내맡기고 있다.

페이지를 넘기니, 긴 사다리를 어떻게 옮기나 하고 분홍 줄무늬 모자가 걱정하고 있다. 파란 줄무늬모자가 "너는 앞에서 나는 뒤에서 들면 되잖아."한다.

분홍모자는 앞에서 파란모자는 뒤에서 "하나 둘, 하나 둘 " 하며 꼬마병정들처럼 발맞추어 걸어간다. 꿀벌이 윙윙 콧노래 하며 앞장을 서고, 잠자리도 춤을 추며 뒤를 따른다. '앞과 뒤'의 정겨운 장면이다.

'느리다' '빠르다' 하면 거북이와 토끼를 연상하는 것은 동서양이 다를 바 없는지, 지은이가 꼬부랑글자로 되어 있는 이 책도 예외는 아니다.

거북이는 느려요
토끼는 빨라요
"토끼야, 나랑 달리기 하자"
"좋아"
거북이는 토끼를 이길 수 있을까요?

우리가 알고 있는 '토끼와 거북이' 이야기는 잘 뛰는 토끼를 제치고 거북이가 이긴다. 거북이를 이기게 하려면 토끼는 싫어도 잠을 자야 한다.

이 그림은 토끼가 이기는 것으로 되어 있다. 토끼야 너는 자거라 하고 게으른 녀석으로 만들지 않았다. 쉬지 않고 노력하는 거북이에게 힘을 실어 주는 것도 좋지만, 발빠른 토끼가 이기는 것이 보다 자연스럽다. 설사 토끼가 잠을 잤다 해도 빨리 달린 만큼이나 피로가 왔을 것이다. 백년을 산다는 거북이와 십년도 못 산다는 토끼는 심장 박동수도 사는 방식도 다를 것이다. 인간의 자로 운운할 일은 아닌 것 같다.

고양이와 강아지도 빠질세라 등장한다. 소녀는 맛있는 빵에는 마음이 없고 고양이만 좋아라 하고 보듬고 있다. 고양이와 가까운 곳에 강아지 두 마리가 놀고 있는데, 점박이와 회색 강아지는 데굴데굴 뒹굴며 시시덕거린다. 강아지를 보는 고양이 눈이 재미있다. 한 눈은 감고 윙크를 보내는데, "나는 소녀의 사랑보다 친구랑 놀고 싶어요." 하고 있다.

그밖에도 그림책에는 소년과 까마귀가 눈 깜짝할 사이에 딸기 한 접시를 비우는 '비다와 채우다', 해와 달이 숨바꼭질하는 '낮과 밤' 등 많은 반대말이 등장한다. 그러나 그 말들은 반대 개념으로 작용하지 않고 숲 속의 크고 작은 나무들처럼 사이좋게 공존하고 있다. 크다고 으스대거나 작다고 기죽지 않고, 생각이 다르다고 상대방을 헐뜯지 않는다. 작은 것이 있으니 큰 것이 있고, 느린 것이 있으니 빠른 것이 있다. 내 생각이 있으면 네 생각도 있지 않겠느냐, 하는 따뜻한 배려가 있다. 그림책 속에서는 까치와 참새와 까마귀, 하늘의 해와 달이 모두 친구이며 한 가족이다.

정겹고 시정詩情어린 손녀딸의 그림책은 엄마 무릎 베고 옛이야기 듣던 동심의 시절로 돌아가게 한다. 손녀와 동무하며 오래오래 이 자리에 머물고 싶다. 그러나 이 시간이 지나면 나는 다시 어른들 세계로 되돌아가게 될 것이다. 이것은 내 것, 저것도 내 것 하며 내 영역을 넓히려 드는 어른들의 세계로 돌아가게 될 것이다.

2000

그때는 포르노가 없었다

신문을 훑어가는데 유독 사진 한 장이 시선을 붙잡는다. 미국 코튼 마크가 주최한 '코튼 맘 패션대회'에 참가한 신세대 임산부들이다. 그들은 "임신을 당당하게 드러내자"는 구호 아래 만삭의 배를 여봐란 듯이 내밀고 있다. 그중 왼쪽 끝의 여인과 중앙의 선글라스를 머리 위에 걸친 여인은 셔츠를 걷어 올리고 맨몸을 송두리째 드러냈는데, 배꼽이 튀어나온 배가 터질 듯 아늘아늘하다.

임산부 누구나가 경험하는 일이지만 피부가 고무풍선처럼 팽창력을 가졌다는 것은 놀라운 일이다. 그 팽창력도 달이 차면 태아와 태반, 태아가 노는 양수까지 감당하기엔 힘에 부친다. 수용한계에 이르면 나 몰라라 하고 펑, 하고 터뜨리는 풍선과는 달리 피부는 편법을 써서 태아를 보호한다. 치마 주름을 펴듯이 살을 트게 해서 힘든 고비를 넘기는 것이다.

미국에 살았던 어떤 친구는 만삭의 배를 사진으로 남겼다. 태어나는 아이에게 네가 엄마 배 속에 있었단다, 하고 보여주기 위해서란다. 세상에 나오기까지 자기가 어디 있었는가를 알려 주는 사진은 아이에게 참으로 소중한 선물이 될 것이다.

요즘 세대는 임신을 당당하게 드러낸다. 광고까지는 않는다 해도 주위에 알리고, 축하인사 받고, 입덧도 당당하게 한다. 한 생명을 세상에 내 놓는다는 것은 얼마나 대단한 일인가.

우리 때는 드러내지 않는 것을 미덕으로 여겼다. 내가 첫아이를 가졌을 때는 한동네 사는 친구도 눈치 채지 못했다. 몸이 두루뭉술한 걸 보니 아기 가진 거 아니냐고 물어온 것은 임신 7개월에 접어들어서다.

첫아이를 낳자 인사차 오신 시아주버님이 생남을 축하한다 했을 때도 고개를 들지 못했다. 결혼을 했으니 아이를 갖는 것은 당연한 일이지만 이건 너무 성급했다. 2월에 결혼했으면 이듬해나 그 이듬해쯤 낳을 것이지 그해 11월에 아이가 태어났으니 에누리 없는 허니문 베이비다. 마치 그 사실을 나팔 부는 것만 같아 난감했다. 우리 어머니, 그 어머니대는 날을 받아 합방을 시켰다 하니, 다음날 방에서 나오는 색시는 주위의 짓궂은 시선을 어떻게 감당했을까.

몇 년을 기다려도 소식이 없는 사람도 있는데 '홈런 감'이라고 남편은 우쭐댔다. 젊고 건강한 '남과 여'의 만남이니 당연한 결과라는 것이다.

그런 '홈런'을 날린 사람이 내 주위에도 여럿 있다. 친구의 딸은 미국서 온 청년과 선을 봤다. 그들은 자석이 끌어당기듯 일주일 만에 약혼식을 올리고 혼인신고를 했다. 그리고 정확하게 열 달 만에 아이를 낳았다. 우리 조카딸도 결혼식을 올린 이튿날 새벽 신랑이 미국으로 떠났는데, 경황 중에도 그는 사랑의 증표를 남기고 갔다.

씨실과 날실이 만나듯 아이가 들어서는 데는 눈에 보이지 않는 무언가가 있는 것 같다. 나는 평생을 혼자 살 것처럼 굴었다. 그런데 어느 날 "에라, 모르겠다." 하고 손을 들어버렸던 것이다. 그런 갑작스런 방향전환은 내 속에 잠재해 있던 '여성'이 눈을 떴기 때문인가.

나무에 달린 열매는 때가 되면 떨어지고, 봉선화 씨도 익으면 건드리지 않아도 저절로 터진다. 동물의 세계도 발정기에 이르면 누가 가르쳐주지 않아도 짝짓기를 한다. 인간의 경우라 해서 무엇이 다를까.

내가 자랄 때 기억으로, 혼자 사는 여인이 바람나면 "아이 가질 때가 됐구먼." 하고 수군거렸다. 보수적인 그 시절에도 비난하기에 앞서 자연현상으로 인정하는 아량을 보여 주었던 것이다.

희랍의 조각들은 그 대부분이 실오라기 하나 걸치지 않는 태어난 그대로의 모습이다. 인간이 처음 세상에 왔을 때는 옷도 없고 거처할 집도 없었다. 사람들은 자연 그대로의 모습으로 열매를 따고 물고기를 낚고 짐승을 잡고, 그렇게 하늘과 땅 사이에서 삶을 영위했다. 남과 여의 교접도 하늘을 이불로 이루어졌다. 그것은 인류 생존의 신성한 의식이었고, 남을 의식할 일도 눈을 가릴 일도 아니었다. 밭일을 하다가도 자연스럽게 어울렸을 것이고, 낮과 밤을 구분할 필요도 없었을 것이다. 옆에서 소꿉놀이하는 아이들도 '어른들의 놀이'로 자연스럽게 받아들였을 것이다. 낮에는 해가 밤에는 달과 별이 빙긋이 웃으며 지켜보았을 것이다.

아이 낳는 일이 성스럽다면 아이 갖는 일 또한 성스럽다. 성을 성스럽게 받아들인 그 시절에는 '포르노' 라는 것이 필요하지 않았다. 나뭇잎으로 몸을 가리고 땅을 파서 움막을 지은 것은 비바람을 막고 추위를 피하기 위해서였다. 그러다 지붕을 이고 담장을 쌓으면서 산다는 것이 은밀해지고 사람들은 감추는 것을, 속이는 것을 배웠다. 성은 더 이상 신성한 의식이 아니라 향락의 수단으로 상품화되었다.

인간이 자연과 하나 되어 어울리던 본래의 모습은 사라진 지 오래다. 그 순수하고 아름다웠던 시대로 돌아가기에 지금 우리는 너무 멀리 와 있는 것 같다.

2006

창밖의 풍경

내가 신대방동 W아파트로 이사를 오게 된 것은 '도시 속의 공원'이라는 문구에 이끌려서다. 단지가 조용하고 보라매공원이 한눈에 들어온다는 바람에 두말없이 지금 살고 있는 14동의 14층을 택했다.

말 그대로 거실 앞 베란다 창문은 거대한 스크린이다. 우리 집에 오는 사람들은 설악산 콘도가 따로 없구나 한다. 손님 대접을 보라매공원이 대신하고 있는 것이다.

서울의 하늘은 더구나 아파트의 하늘은 고개를 젖혀야 볼 수 있는 경우가 많은데, 이 스크린은 하늘을 캔버스로 하고 있다. 그 캔버스에는 관악산을 등에 업은 보라매공원이 푸른 숲을 이룬다. 오른쪽은 높고 왼쪽은 아트막한데 발 밑에 신림동 마을을 거느리고 있다.

수목 사이로 통나무로 발판을 삼은 나무 계단이 보인다. 나선형으로 꺾어 올라가면 가뭄에도 물이 마르지 않는 약수가 있고, 물통이 줄을 잇는다. 약수터를 지나 언덕길을 오르면 정수리 부분에 공터가 있다. 아침이면 맨손체조를 하는 사람들과 배드민턴을 치는 사람들이 이곳에 모인다.

그 공터를 지나면 군軍법당이었다가 지금은 민간사찰이 된 절이 있고, 연못으로 내려가는 길이 보인다. 이 길은 벚나무가 숲을 이루어 사월이면 벚꽃으로 사방을 밝힌다. 벚꽃이 활짝 피었을 때도 좋지만 절정을 넘긴 벚나무가 꽃잎을 흩날리는 정경도 그에 못지않다. 머리에 벚꽃을 이고 꽃비를 맞으며 눈처럼 하얀 꽃길을 걸으면 시를 모르는 사람도 시인이 된다.

숲 속에는 많은 새들이 살고 있다. 나무 위에 둥지를 튼 까치 떼는 아파트를 제 놀이터로 알고 하루에도 열두 번 내려앉고, 뻐꾸기 울음도 간간이 들린다. 꾀꼬리도 살고 있다. 남편도 위층의 아기엄마도 보았다는 노랑새를 보지 못한 것이 아쉽지만, 비원에서나 들을 수 있는 그 아름다운 소리를 집에 앉아서 들을 수 있다는 것만으로 나는 선택된 사람인 것 같다.

한 폭의 동양화 같은 화면에 근년 들어 불쑥 나타난 물체가 있다. 동작구의 첨단 상가 구실을 하는 빌딩들인데, 30층을 넘는 것도 열 손가락으로 꼽을 만해서 빌딩의 숲을 이룬다. 이 매머드 빌딩 군群이 내 시야를 방해하지 않는 것은 화면의 중앙에 나서지 않고 한 끝에 비켜 서 있기 때문이다. 그들은 미끈

하고 개성 있는 건축 양식으로 해서 화면에 변화를 주고 활기를 불어넣는다. 밤이면 휴식에 접어드는 숲의 정적과는 달리 빌딩의 수많은 창에서 뿜어대는 불빛은 어두운 하늘을 보석밭으로 일구어 놓는다.

나는 마음 내키는 대로 화면을 조절한다. 창문으로 다가가면 시야는 120도, 180도의 와이드 스크린이 되고, 몇 걸음 물러서면 100도, 80도로 좁아진다. 자연을 살릴 수도, 거기에 도시를 곁들일 수도 있다. 산수를 뒤로 물리고 빌딩 군에 포커스를 맞출 수도 있다.

뭐니 해도 해돋이 장면만큼 내게 환희심을 불러일으키는 것은 없다. 동남향인 이 스크린은 해를 왼쪽에서 뜨게 한다. 구름 한 점 없는 하늘에 붕 떠오르는 일출보다는 구름 사이에서 구름을 물들이며 찬연히 얼굴을 내미는 그 장엄한 광경, 아침 햇살을 받아 이슬 머금은 나뭇잎들이 생의 환희를 노래하는 그 광경을 어떻게 표현하랴. 내 무딘 붓으로는 감당할 수가 없다.

해질 무렵이면 나는 일과처럼 베란다의 의자에 앉아 해 지는 모습을 지켜본다. 낮에는 고개를 숙인 듯 모습을 드러내지 않던 신림동 마을이 석양빛을 반사해서 대리석처럼 하얗게 부상하는 모습은 언제 보아도 신비롭다. 유행하는 노래 가사가 아니라도 보고 있어도 보고 싶은, 볼수록 마음이 끌리는 정경이다. 아이들은 부모만 달랑 떨어져 있는 것이 마음에 쓰이는지 함께 살자거니 가까이 오라고들 하지만, 남편과 나는 여기를 떠날 생각이 없는 것이다.

새벽에 눈을 뜨면 날이 새는 장면을 마주하게 된다. 어둠이 서서히 거두어지고 새벽이 오는 모습. 언제부터인가 나는 새벽이 온다기보다는 밤이 물러가는 장면으로 받아들이게 되었다. 어느 순간 빌딩의 불빛이 사라지면 밤은 긴 자락을 새벽에 넘기고는 발소리도 없이 사라진다. 앞의 사람을 밀어내는 일도 못 간다고 바둥거리는 일도 없다.

가고 오는 것이 너무도 자연스러워 가는 것도 오는 것도 없다는 느낌이 든다. 오늘이라거나 내일이라는 것이 인간의 일이지 자연은 아니라고 말하는 것 같다.

문득 정신이 들고 보니 언제까지 이 자리에 머물고 싶은 마음과는 달리 밤이 물러가는 시점에 내가 서 있다.

1998

이름 바꾸기

집을 찾는 사람들에게 입버릇처럼 하는 말이 있다.

"새서울아파트에서 우회전하세요."

우리 집 나침판 구실을 하던 새서울아파트가 외벽을 새옷으로 갈아입고 출입문을 대리석으로 치장하는가 했더니 '매트로 뷰' 하고 낯선 이름을 달고 나왔다. 새서울아파트 하면 "알았다." 할 사람도 '매트로 뷰' 하면 "그게 뭔데?" 하고 되묻는다. 잊어버릴까 메모를 하고도 건물 앞에 오면 고개를 갸웃한다. 출입문에도 건물 벽에도 우리 글은 찾을 수 없고 꼬부랑글자가 터줏대감처럼 버티고 있다. "시어머니 못 오게 아파트 이름까지 바꾸고," 그런 말이 그저 한 말은 아닌 것 같다.

호텔이나 레스토랑, 카페에나 붙이던 서구식 이름이 요즘들어 새로 나오는 아파트마다 달고 나온다. 삼풍백화점 자리에 웅장한 모습을 드러낸 주상복합도 '아크로비스타'라는 왠지 위압감이 느껴지는 이름을 달고 나왔고, 타워 팰리스, 엘지 자이, 아이파크, 솔레뉴 …, 사람 사는 곳인지 상품명인지 모를 아파트가 줄지어 등장했다. 이름이 부티나야 집값이 나간다 했던가. 명품 대열에 끼려고 다투어 그럴싸한 이름을 달고 나오니, 그래야 행세한다고 구멍가게도 한몫 끼려 든다.

남의 말 할 것 없다. 내가 살고 있는 다세대도 '빌라'가 모자라서 '빌라트'라 했다가 지난 해 담장을 손질하고 소나무 몇 그루를 심더니 치마 길이 자르듯 싹둑 잘라 '빌'이 되었다. 서구풍 너무들 좋아한다. 이런 걸 두고 사대事大라고 하나, 했더니 한 젊은이가 점잖게 "세계화지요." 한다.

얼짱 몸짱 하고 몸이 행세하는 세상이고 보니 얼굴도 몸매도 옷 만들 듯이 디자인 한다. 쌍까풀이나 코 높이기는 기본이고 턱도 깎고 보톡스나 주사로 주름을 펴고 뱃살도 뺀다.

손녀딸들이 컴퓨터로 성형수술하는 것을 지켜본 일이 있다. 사진을 입력해 놓고 어디를 어떻게 수정하나 하고 머리를 굴린다. 코는 탤런트 아무개의 코를 따오고, 눈은 누구 눈이 제일 예쁘더라. 턱이 각지다 해서 턱을 다듬고 이가 들쑥날쑥하니 나온 것은 밀어 넣고 들어간 것은 꺼내서 치아를 고르게 한다. 머리카락도 금발로 했다가 너무 흔하다 하고 녹색으로 바꾼다. 이왕이면 눈동자도 푸른 빛을 띠면 좋겠다.

몸매도 이상형에 맞추어 깎을 것은 깎고 덧붙일 것은 덧붙이고 해서 아예 다른 사람으로 만들어 놓았다. 성형외과 의사가 된 듯이 낄낄거리는 아이들을 보면서 내 생각은 딴 데 가 있었다. 미인으로 거듭난 어미가 아이를 낳았다 하자. “이 아인 누굴 닮았지?” 하고 보는 이마다 고개를 갸웃할 것이다. 어쩌면 어미도 자기 본모습을 닮은 아기가 생소하게 느껴질지 모른다.

성형이 판을 치니 TV화면에 등장하는 탤런트도 그 얼굴이 그 얼굴이다. 눈은 누구, 코는 누구 하고 따오다보니 헷갈리기 십상이다. 부분만 따오는 경우는 그래도 낫다. 요즘 잘나가는 아무개를 닮게 해주세요, 했을 때는 버버리나 닥스의 짝퉁처럼 원본을 빼닮은 아류가 나온다. 이따금 화면에서 그런 아류를 보게 되는데 가짜가 진품을 몰아내듯, 잘나가는 연기자의 명성과 인기를 업은 아류가 원조를 쫓아내는 경우도 있다. 글이나 곡을 모방하는 것을 표절이라 한다면 이런 경우는 뭐라고 하나? 달리 제재할 방도가 없는지 궁금하다.

아름다움은 잣대로 잴 성질의 것은 아닌 듯하다. 어떤 사람에게는 시답잖게 보이는 인물도 다른 사람 눈에는 더없이 아름다울 수도 있다. 내가 만난 S여사는 결코 예쁘다 할 얼굴이 아닌데, 그 남편은 명동거리를 훑어보아도 자기 부인만 한 미인이 없다고 했다. 처음과는 달리 한참 얘기를 나누다보니 나도 어느새 S여사에게 끌려들어갔다.

여기 사람들이 머리를 노랗고 빨갛게 물들일 때도 미국에 사는 교포들은 머리를 물들이지 않았다. 다양한 인종을 안고 사는 미국사회는 다양성과 더불어 개성을 존중한다. 갈색 · 은색 · 적갈색 모발 속에 검은 머리, 더구나 윤기가 흐르는 긴 생머리는 물결치는 금발 못지않게 탐스럽다. 동양인의 검은 눈동자는 서양인들 눈에 빨려 들어갈 듯이 신비롭게 느껴진다고 들었다. 아름다움은 그가 지닌 개성을 살리는 데 있다. 다양함 속에서 살아남는 것은 자기를 잃지 않는 정체성이 아닐까.

시대상에 민감한 것이 이름이다. 얼마 전 서구식으로 이름을 바꾸려는 주민들에게 재판부는 '아파트 이름을 바꾸는 것은 주민들 권리'라고 했다. 이름도 겉모습 못지않게 중요한 구실을 한다며 "시대 흐름에 맞게 아파트에 아름다움과 문화의 이미지를 심으려는 입주자들의 욕구를 금지할 수 없다." 하고 주민들의 손을 들어 준 것이다. 이렇게 나오니 세련되고 그럴싸한 이름으로 이미지를 높이려는 움직임이 숨 가쁘게 시류를 탈 것이다.

세계화, 세계화, 하고 외국어가 내국어처럼 쓰이는 세상이니 남의 것을 수용하는 것도 나쁘지 않다. 그러나 어려움을 딛고 당당히 우리 이름으로 세계무대에 진출해서 그 이미지를 온 세계에 심어준 기업들을 보면 내 자식 장원급제한 것 못지않게 가슴 뿌듯하다.

2008

모자 이야기

십 년은 되는 것 같다. 아이들 따라 백화점에 갔더니, 모자 가게 앞에 발을 멈춘 며느리가 모자 하나를 내 머리 위에 얹어 준다. "웬 모자냐." 하고 머뭇거리다가 '방한용'이라는 바람에 거울 앞에 섰다. 검은 털실로 짠 것으로 돌아가며 가느다란 챙이 달려있다. 왼쪽 귀 옆에 꽃 한송이 앉아 있는데, 그 속에서 빨간 수술이 수줍은 듯 고개를 내밀고 있다. 튀지 않으면서도 따분하지 않은 디자인이 마음에 들었다. 그렇게 해서 모자와의 연이 시작되었다. 옛 할머니들이 명주수건으로 머리를 감싸 듯 몇 해 겨울을 따뜻하게 보냈다.

두 번째는 생각지도 않게 굴러 들어왔다. ≪논어≫를 공부하는 난대서숙에서 같이 강의를 듣는 희숙씨가 회색 바탕에 검은 점이 희끗희끗한 도리우찌(사냥 모자)를 쓰고 나타났을 때 우리는 환성을 질렀다. 야, 멋있다, 하고 그 자리에 있던 친구들이 번갈아가며 모자를 썼다. 내 차례가 되자 모자 주인은 자기보다 내게 어울린다며 선뜻 내 머리 위에 얹어 주었다. 그림을 그리는 희숙씨는 '누구 것'이라기보다 누구에게 어울리느냐가 중요한 듯했다.

그 모자를 쓰고 찍은 사진이 몇 장인가 있다. 난대서숙에서는 해마다 서당 앞에 줄장미가 한창이면 기념사진을 찍는다. 한번은 사진을 찍고 흩어지는데 사진작가인 한 선생이 "잠깐" 하더니 셔터를 눌렀다. 전문가의 손을 빌려서인지 사진이 썩 잘 나와서 커다랗게 늘려서 아이들에게도 돌렸다.

수필집 낼 때 이 사진 올리세요, 하는 친구도 있다. 그러다 오십대로 알고 데이트 신청하면 어쩌나, 실물을 보고는 "어머니세요?" 할 거 아닌가 하고 웃었다.

마치 내 코디네이터가 된 것처럼 다음 모자도 희숙씨 선물이다. 코르덴 천으로 만든 연한 보랏빛 모자는 앞창의 왼쪽이 위로 살짝 재껴진 것이 포인트다. 치마 한 자락을 가볍게 들어올린 듯한 느낌인데, "이런 파격이 있어 삶이 따분하지 않지요."라고 귓속말 하는 것 같다.

모자마다 제각기 사연을 안고 있다. 지난 어버이날에 옷을 선물했던 딸아이가 손녀 편에 상품권을 보내왔다. "모자 사셔야 해요."라는 당부까지 곁들여. 손녀랑 가까운 백화점으로 갔다. 기껏 몇만 원으로 알았는데 아니다. 가격표를 보고 달아나는데 손녀딸이 어느새 어미한테 문자를 보냈는지, "모자라는 돈은 보내주신대요" 한다.

내친김에 찬찬히 모자가게를 둘러보았다. 한 코너를 지나는데 모자 하나가 갑자기 클로즈업되어 눈에 들어왔다. '모택동형'이라는 그 모자를 보는 순간 저거 내 거야, 하고 손이 저절로 그리로 갔다. 맞선을 볼 때도 "저 사람 내 사람이야." 하고 필이 꽂힌다면 성사는 백 프로일 것이다.

모택동 모자는 나를 위해 만들어 놓은 것처럼 머리와 하나되어 전혀 존재를 과시하지 않는다. 한번은 그 모자를 쓰고 전동차를 탔다. 건너편에 앉아있던 노신사가 건너와서 내 옆에 앉더니, "정말 멋있습니다." 하며 들고 있는 부채로 바람을 보낸다. "냉방인데 웬 부채질입니까." 했더니 "바람은 움직여야 바람이지요." 하며 연신 바람을 보낸다.

그러고 보니 모자 덕을 톡톡히 보는 것 같다. 흰머리도 감추고 이마 주름도 가려져서 나이 보다 젊게 보인다는 친구도 있고, 길 가다 놓쳐도 "너는 안 보이고 모자가 보이더라." 하며 찾아온다. 조금은 유식하게 보이는지 "실례지만 어느 대학 교수님이세요." 하고 나를 우쭐하게 하는 사람도 있다.

처음엔 남의 옷 빌려 입은 것처럼 어색했는데 십 년을 함께 하다보니 좋은 동반자가 되었다. 어쩌다 그냥 나가면 "모자는?" 하고 모자 안부부터 묻는 걸 보면, 이제 아무개 하면 얼굴보다 모자를 먼저 떠올릴 것도 같다.

남의 것으로 알았던 모자도 내 것으로 하는데 내가 놓아버린 많은 것들. 소질이 없다고 지레 겁을 집어먹고 멀찌감치 바라만 보는 그림과 음악, 수영이나 테니스, 아니 자전거라도 배워 둘 걸.

그보다도 나와는 생각이 다르다고, 취향이 맞지 않다고 외면을 했던 사람들. 보다 넓은 눈으로 세상을 살았다면 삶이 얼마나 풍요로웠을까. 문득문득 그런 생각을 하게 된다. 인생을 접을 나이가 된 지금에야.

2007

건망증과 더불어

며칠 사이 냄비 몇 개를 태우자 나는 가스레인지 옆에 의자 하나를 갖다 놓았다. 끓을 동안 신문을 뒤적이거나 라디오를 들으며 지키고 앉았는데, 하필 이럴 때 전화가 온다거나 현관 벨이 울렸다 하면 일은 틀어진다. 어느 집에서 누가 무얼 태우나보다 하고 냄새가 코 끝에 와 닿을 때는 이미 늦다.

이렇게 정신을 놓고 살다보니 아이들에게도 위신이 서지 않는다. 쓰던 물건이 없어져도 으레 어머니가 쓰고는 아무 데나 버려두었거니 한다. 분명히 누군가 가져갔다고 주장하고 싶어도 그가 누구인지 영 기억이 나지 않으니 억울해도 내색을 못한다. 어제 일어났던 일이 며칠 전 같기도 하고 몇 달전 같기도 하고, 숫제 그런 일이 있었는지 아닌지도 아리송하니 알리바이를 대야할 일이라도 생기는 날이면 용의자로 몰리기 십상이다.

정도만 다를 뿐 친구들도 별반 다를 바 없다. 몇 해전까지도 누가 혼사를 치른다 하면 신랑 신부의 출신학교 · 직장 · 집안 등, 관심있게 물어보기도 했는데 요즘 들어서는 언제 · 어디로 끝나버려서 당사자에게 좀 민망스럽다.

보고 들은 일들이 선명한 그림으로 남아 있던 어린 시절에는 세월은 그 자리에 멈추어 있었고, 노인은 따로 있는 줄 알았다. 도랑 건너다 잊어버렸다는 이야기가 먼 나라 얘기로 들렸다.

오월의 풋풋한 신록과도 같이 기억의 필름이 살아 있을 수는 없는 걸까. 밤을 밝히며 읽은 명작 속의 숱한 이야기들, 한동안 몸 담았던 출판사 벽면의 그 많은 참고 서적들, 그 중 얼마라도 살아 있다면 숙지황이다 감초다 하며 이 서랍 저 서랍에서 약재를 꺼내서 조재하는 약사처럼 거뜬히 글 한 편을 건져올릴 터인데.

문득 얼마 전 관광버스에서 들은 경음악이 떠올랐다. 귀에 익은 그 멜로디는 그러나 무슨 곡인지 얼른 감을 잡을 수가 없었다. 한참 후에야 흘러간 멜로디에서 몇 소절씩 따서 메들리로 엮은 것임을 알게 되었다. 곡과 곡의 이음새가 매끄럽고 자연스러워서 예비지식이 없었다면 괜찮은 창작곡으로 알았을 것이다. 슬럼프에 빠진 작곡가는 멜로디 백과사전에서 가려내어 자기 감정에 맞게 배열하면 되겠다는 생각이 퍼뜩 머리를 스쳤다. 표절 시비가 이는 이유를 알 것 같았다.

명작 속의 빤짝이는 글들이 내 기억에서 사라져버렸다는 것은 어쩌면 다행인지도 모른다. 그 글들은 내가 하고픈 말을 너무도 적절하게 표현해서 내게서 말을 앗아갔다. 타인의 소리를 의식하지 않아도 되기에 나는 감히 어설픈 목소리를 가다듬고 있는지도 모른다.

기억의 상실도 육체의 소멸도 의식하지 않던 시절에는 사물의 한 면밖에는 알지 못했다. 잃은 것이 없기에 빛에는 그늘이, 기쁨 뒤에 슬픔이, 생명이 있는 곳에 소멸이 있다는 것을 감지하지 못했다. 희로애락이 생로병사가 각기 별개의 것인 줄 알았지 그들이 서로 맞물려 있다는 것을 알지 못했다. 기억이 물러나고 사유가 자리를 잡게되면서 가는 것 잡지 않고 오는 것 막지 않는, 있는 그대로를 받아들이는 마음으로 살게 되었다. 잡는다고 잡아지는 것이 아니고 막는다고 막아지는 것이 아니라는 것을, 오고 감이 다 나름대로의 뜻을 지니고 있음을 알게 되었기 때문이리라.

사실 우리가 살아가는 데는 많은 것이 필요하지 않을지도 모른다. 옛 성현들은 문자 없이도 하늘의 소리를 들었다. 손에 들어온 것을 놓으려 하지 않는 인간의 미련한 성품을 알기에, 건망증이라는 도반은 몸소 나의 체중감량에 뛰어들었는지도 모른다. 언젠가는 망각의 세계에 묻고 떠날 나에게 놓아버리는 것의 편안함을 일깨워주려고 찾아온 것이리라. 그렇게 생각하며 나는 건망증과 더불어 살고 있다.

1994

다르게 보기

집을 나와 한 구비 돌아서면 저만치 버스가 지나는 길이 보인다. 백 미터 남짓한 거리인데 그 자리에 오면 마음이 바빠진다. 바로 눈 앞에서 차가 지나가버리는 것이 아닐까. 지금 지나가면 5분 10분은 기다려야 하는데, 가다가는 길이 막혀 더 늦어질 수도 있다.

조급한 마음이 차를 세우고 싶다. 정류장이 아니니 서지도 않겠지만, 선다 해도 기다려야 하는 승객들의 눈총을 감당하기가 어려울 것이다. 이럴 때 만화라면 간단하다. 리모컨으로 버스를 세우고 몸에 날개를 달아 '뿅'하고 자리에 앉혀 놓는다.

그런 상상력이 내겐 많이 부족하다. 시간은 쉬지 않고 앞으로 가고, 오늘의 나는 어제의 내가 아닌데도 생각은 여전히 어제 그제의 틀에서 벗어나지 못하고 있다.

한 친구가 지나가는 자동차를 세웠다. 차를 세우고 보니 생각 밖으로 나이 먹은 사람인데 실망한 운전자에게 그는, "이래 뵈도 처녀출신이랍니다." 했다. 그 말에 유쾌해진 운전자와 얘기를 주고 받다보니 목적지에 닿았다. 벌써 내립니까, 하고 그쪽에서 아쉬워하더라는 것이다.

창의력은 상식에서 벗어나는 데서 시작하는 것 같다. 옥수수에서 착안했다는 가우디의 성가족 성당은 외관으로 보면 이건 영락없는 옥수수를 세워놓은 탑이다. 그 옥수수를 알알이 벗겨 창을 만들어 성당은 어두운 곳이라는 상식에서 탈피시켰다. 햇볕은 쏟아지고 종소리 음악소리 밖으로 울려 퍼지니, 성당 안에 갇혀 있던 예수 그리스도와 성모 마리아를 무한대의 공간에 풀어놓은 것이다.

박완서의 〈꼴찌에게 보내는 갈채〉도 상식을 뒤엎는다. 우승자에게만 쏠려 있던 환호와 영광을 묵묵히 제 할일 다하는 보통사람들에게 돌려놓았다. 업적을 남긴 사람만이 위대한 것이 아니다. 청소하는 사람, 거름 치우는 사람, 평범한 우리 모두가 들어서 세상이 돌아간다는 것을 말하고 싶었던 것이리라.

이상의 〈권태〉에는 아이들이 똥 누는 장면이 등장한다. 누구 똥이 크나 하고 견주어 보는 것인데 그 시대는 그것도 훌륭한 놀이였다.

장난감이 없던 시절의 아이들은 지치지도 않고 놀 거리를 만들어냈다. 누구 오줌이 멀리 가나, 하는 것도 신나는 놀이였고, 돼지 오줌통 하나면 온 들판을 축구장으로 만들었다. 돌멩이 다섯 개면 공기놀이 하고, 바닥에 줄을 그어 땅따먹기도 했다. 수만 군사의 생명을 앗아가며 승전고를 울리는 삼국지의 조조와 유비가 아니라도 피 한 방울 흘리지 않고 천하를 쥐락펴락 하는 것이다. 그뿐인가, "저 별은 너의 별 이 별은 나의 별"하고 하늘의 별도 친구가 되었다.

그런 동심을 잊은 지 오래이다. 북경 가는 기차 속에서 만난 60대의 중국여인은 차가 목적지에 닿을 때까지 몇 시간을 나와 이야기를 했다. 그는 내가 그의 말을 알아듣지 못한다는 것을 전혀 의식하지 않았다. 마치 오래된 친구에게 얘기 하듯이 너무도 자연스럽게 말을 건네는 바람에 나도 덩달아 "네, 그래요." 하고 고개를 끄덕였던 것이다.

우리는 사람을 믿지 않는다. 낯선 전화가 걸려와도 그렇고, 아는 사람이 아니면 먼저 의심부터 하고 본다. 사람을 의심할 줄 모르는 그 여인이 정말 신기했다.

열린 마음으로 보면 세상은 넓다. 이것은 옳고 저것은 아니다 하고 단정지었던 일들이 다분히 선입견일 수도 있다. 이슬람의 일부다처제는 전쟁으로 인한 절대수의 남성부족에서 생긴 것이라 한다. 소수의 여인과 다수의 남성이 절해의 고도에 표류했다면 한 여인이 몇 남자의 여자가 되었다 해서 돌을 던질 사람은 없을 것이다.

다르게 본다는 것은 '개념'이란 틀에서 나를 놓아주는 것, 있는 그대로를 본다는 것이 아닌가 싶다. 시골의 돌담길은 크고 작은 돌이 함께 어우러진 불규칙적인 모습이 더 정겹다. 큰 돌 사이에 낀 작은 돌이 균형을 잡아주는 것이 신통하고, 돌 틈을 비집고 나온 야생화는 어쩌면 그리 앙증스러운지. 담을 덮은 담쟁이덩쿨은 길이 없어도 잘도 뻗는다. 장작더미도 담 구실을 하고, 은행잎이 무릎까지 쌓이면 길을 가다가도 그 위에 드러눕고 싶다.

대수롭지 않던 것들이 새로운 모습으로 다가오고, 허물없이 지내는 친구들이 눈물겹도록 소중하게 여겨진다. 열린 마음으로 보면 세상이 이렇듯 아름답게 보이는 것을.

2010

4부

존재의 집

간편하다는 이유로 우리는 과거를 너무 쉽게 지워버리는 것은 아닐까. 전산 처리한 주민등록 등본을 받아본 내 느낌이 그러했다. 그 깨끗한 지면에는 남편과 나, 그리고 막내만 남아 있는 것이다.

얼마 전까지 사용했던 묵은 주민등록 등본에는 아들 형제와 딸 형제와 며느리, 손녀 해서 자그마치 여덟 식구가 살고 있었다. 비록 아이들이 부모 곁을 떠났다고는 하나 그들의 자취는 남아 있었다. 거기에는 본적란도 있었다. 고향마을의 느티나무처럼 턱하니 그 자리를 지키고 있었다.

원적인 대구시 봉산동에서 서대문구 냉천동으로 우리가 분가하게 된 것은 큰아이의 초등학교 입학 때였다. "집이나 장만하고 갈 것이제." 하며, 남의 전세방으로 호적을 옮기는 것을 못내 서운해 하시던 형님 내외분. 그 분들은 먼 길을 떠나셨지만, 그 목소리는 본적란에 살아 있었다.

우리는 얼마 후 집을 장만했다. 축대 밑에 숨은 낡은 대문에는 문패가 훈장처럼 으스대고, 소쿠리 땅이라는 소문대로 바람에 낙엽 몰리듯 사람도 살림도 몰려들었다.

거기서 태어난 막내가 초등학교 들어갈 무렵 성산동에 집을 지었다. 내 집 한 번 번듯하게 지어보겠다는 부푼 기대가 분수에 맞지 않게 집채만 잔뜩 늘려 놓았다. 집을 늘린 만큼이나 살림에 주름이 갔다. 때마침 불어 닥친 불황으로 집 거래는 얼어붙고 우리는 덩치 큰 집에 10여 년을 묶여 있어야 했다. 그릇이 크면 허기도 크다는 것을 그때 뼈저리게 느꼈다.

그 밖에도 주민등록에는 집을 떠난 아이들 소식도 들어 있었다. 부모의 마음을 헤아렸음인지 아이들은 저마다 "나 여기 있어요." 하고 행선지를 남겨 놓았다.

맨 먼저 집을 떠난 것은 둘째인 큰딸이다. 어느 날 그 아이는 한 젊은이를 우리 앞에 선 보였다. 단정하고 지성적인 인상이 호감이 갔으나 선뜻 딸을 내 줄 결심이 서지 않았다. 그때 딸아이가 하던 말이 생각난다. 대학병원 간호사로 근무 중이던 그 아이는 늦도록 자기를 기다렸다가 집까지 바래다주는 청년의 정성에 그만 혼자 길을 못 갈 것 같은 생각이 든다고 했다.

청년의 정성에 끌린다는 딸아이 말이 가슴에 와 닿았다. 그 아이는 어릴 때부터 순하고 착해서 시간 맞추어 젖 주고 기저

귀 갈아주면 놀다가 자다가 해서 어미를 성가시게 하는 일이 없었다. 극성스런 오빠와 연달아 태어난 동생들로 해서 엄마를 빼앗긴 소외감을 혼자 속으로 삭이며 자라 왔는지도 모른다. 온순한 아이에 대한 부모의 안도감이 아이에게는 자칫 무관심으로 받아들여질 수도 있다는 것을 나는 미처 생각하지 못했다.

20여 년 동안 몸담았던 둥지를 떠나 공부하는 남편 따라 미국으로 간 딸아이에게서 얼마 전에 편지가 왔다. 남편이 누구에게나 자상하고 친절해서 친구의 친구도 선배도 다 자기 친구가 되고 선배가 되었다는 이야기이다. 세상이 다 제 할 탓이라는 것을 알게 되었다는 딸의 편지를 읽으며, 내가 못 다한 숙제를 그 아이가 풀어 준 듯한 안도감을 느꼈던 것이다.

누이동생이 빠져나간 자리가 컸던지 큰아이도 서둘러 짝을 찾았다. 나도 누구 못지않게 며느리에 대한 기대가 있었다. 지난날 나의 시어머니는 옛것을 알고 새것을 받아들이는 며느리를 원하셨다. 그런 어머니의 기대를 나는 어른에 대한 공경으로 해석했던 것인데, 지나고 보니 내가 어려워한 만큼이나 어머님에게 소외감을 안겨드렸을지도 모른다는 생각이 든다. 그러기에 나는 고부 사이도 누가 누구에게 복종한다기보다는 각자가 자기 소리를 내면서 조화를 이루어 주기를 바랐다. 자기 소리를 낼 줄 아는 사람이면 남의 소리도 허술하게 듣지는 않을 것이기 때문이다.

아들이 장가를 가니 아침마다 깨워야 하는 고역은 내 시간

표에서 떨어져 나갔다. 용돈 쓰기도 빠듯하다며 빈 봉투를 내밀곤 하던 녀석이 봉투째 들고 오는 것을 보면 책임이 무섭다는 생각이 든다.

아들 내외는 몇 년 동안 한집에서 살았다. 서로 얼굴이나 익히고 딴살림 내주려 했던 처음 계획은 남편의 와병臥病으로 미루어졌다. 아버님 병 수발하랴, 집안 살림하랴, 좋은 일 궂은 일 겪다 보니 새아이는 문자 그대로 내 식구가 되었다.

새아이는 또 아이들을 예뻐해서 외손주들이 오면 외숙모 뒤만 따라 다닌다. 친손주 외손주 할 것 없이 아이들은 만났다 하면 떨어질 줄 모르고 이집 저집 몰려다닌다. 아들딸 가리지 않고 하나 아니면 둘 낳는 요즈음, 그 아이들이 자라서 친형제같이 서로 힘이 되어 줄 것을 생각하면 마음 든든하다.

큰아들이 결혼하자 기다렸다는 듯이 현관문을 노크하는 청년이 있었다. 듬직한 체구의 그 청년은 한 가지 일에 몰두하는 사람이 대개 그러하듯 자기 분야 밖의 일에는 그다지 관심이 없는 듯했다. 그에게는 자질구레한 일상사를 챙겨 줄 손길이 필요할 것 같았다. 작은딸은 거기에 자기 자리를 발견했는지도 모른다. 그 아이는 다른 사람이 매를 맞아도 제 다리가 움츠러든다며 용서를 빌었다. 마음 여린 그 아이에게는 자기를 펼 수 있는 넉넉한 공간이 무엇보다 절실했는지도 모른다.

숱한 사연을 그 주민등록에 묻어놓고 아이들은 부모 곁을 떠났다. 그리고 아들딸 낳고 저마다 자기 둥지의 주인이 되었다. 이제 남은 아이는 막내뿐이다. 막내가 그가 원하는 여인을 등장시켜 우리 주민등록에 따뜻한 입김을 불어넣을 날은 언제일까. 전산처리해서 떠난 사람의 자취도 남기지 않는 것이라면 굳이 신고식이라는 절차를 거칠 필요가 없을지도 모른다. 곧바로 분가해서 막내마저 빠져나간다 해도 할 말이 없다. 그렇게 되면 주민등록이라는 '존재의 집'에는 우리 부부만 남게 된다. 그리고 언젠가는 우리도 그 집에서 존재해 있었다는 흔적도 없이 자취를 감추게 될 것이다.

우리의 가족사가 담긴 주민등록은 내게 아버지와 어머니, 할아버지와 할머니를 떠올리게 한다. 자손들에게 뼈와 살을 남기고 얼을 심어 주신 그 어른들. 낙엽이 되고 흙이 되어 새움을 트게 하신, 앞서 간 많은 분들을 생각하게 한다.

1994

아버지의 나무

여기저기를 기웃거리던 리모컨이 한 자리에 멎었다. 화면을 차지한 것은 충청도에 있는 어느 식물원이다. 한 남자가 길을 손보고 있다. 간밤의 비로 길 일부가 파헤쳐진 것이다. 그는 흙을 갖다 붓고 돌로 빈자리를 메우고 시멘트로 굳힌다. 이렇게 손을 봐 놓아야 아들의 휠체어가 다닐 수 있는 것이다.

육십을 바라보는 그 남자는 남이 알아주는 칠기장이었고 가구상으로 많은 돈을 벌었다. 그런 그가 아들이 사고를 당하자 하던 일을 접고 산으로 들어갔다. 멀쩡하던 아들은 대학 재학 중 불의의 사고로 몸을 못 쓰게 되었다. 목 위를 제외한 전신이 마비된 것이다. 19년이 지난 지금도 그는 어머니가 떠먹여 주는 밥을 누워서 받아먹는다. 아버지가 안아서 휠체어에 옮기고 벨트를 매줘야 바깥출입을 한다.

아버지는 아들을 위해 몇만 평 되는 야산에 나무를 심고 야생화를 가꾸고 돌을 옮겨 아름다운 식물원을 만들었다. 좋은 나무가 있으면 값을 묻지 않고 옮겨다 심었고 돌을 배치해서 경관을 살렸다. 아들에게 물소리를 들려주려고 실개천에 서너 자 될까 하는 근소한 낙차로 폭포를 만들었다. 고요한 자연이 물 떨어지는 소리로 생기를 찾았다. 신체기능이 정지된 아들에게 생명을 불어 넣어주려는 부정이 눈물겹다.

아들이 사고를 당했을 때 의사는 휠체어도 못 탈 것이라고 했다 한다. 나도 병원에서 목을 다친 환자를 본 기억이 있다. 그는 직장 동료들과 놀이를 갔다 오는데, 큰 트럭이 그들이 타고 있는 봉고차를 뒤에서 받았다. 피가 쏟아진 것도 아니고 그는 자신이 다친 줄 몰랐는데 그게 아니었다. 목이 부러진 그는 목 위를 제외한 모든 기능이 정지되었다. 그의 아내는 다니던 직장을 그만두고 병원에서 제일 가까운 아파트로 거처를 옮기고 매일같이 통원치료를 다녔다. 몸을 지탱하지 못하는 남편을 휠체어에 붙들어 앉히고 병원에 오가는데 두 사람이 부축해야 했다. 휠체어에 길게 누워서 손가락을 움직이는 작업치료를 받으며 환자는 계속 노래를 불렀다. "허공 속에 묻혀야만 될 슬픈 옛 이야기…" 하고 그때 한창 유행하던 조용필의 '허공'을 불렀는데, 그 노랫소리는 노래라기보다 절규에 가까웠다. 사십대에 접어드는 한창 나이와 훤칠하게 잘생긴 용모가 보는 이의 마음을 더욱 아프게 했다.

여기 화면에 비치는 아들도 몸이 좋고 인물이 준수하다. 그런 사고가 없었다면 그는 좋은 남편 좋은 아버지가 되어 행복한 가정을 꾸렸을 것이다. 중학생으로 보이는 동생의 아이들이 찾아와서 "큰아버지"하고 부르는 장면은 삼자인 우리까지도 마음 아프게 한다.

아버지는 휠체어가 다닐 수 있도록 산등성이에 길을 닦고 포장을 했다. 처음에는 불도저가 하던 작업을 돈이 바닥난 지금은 사람들의 손을 빌려 자갈을 붓고 삽으로 땅을 고른다. 때로는 혼자 손으로 한 삽 한 삽 흙을 부으며 길을 닦으니 멀지 않은 정상이 더욱 아득하게 느껴진다.

어버지의 꿈은 아들을 정상에 오르게 하는 일이다. 20년 세월을 바쳐 이룩한 식물원 전경을 아들에게 보여주고 싶다. "아버지 좋습니다."라는 한 마디를 듣고 싶은 것이다.

사고를 당해 한때 인생을 포기했던 아들은 새로운 가능성을 찾아 구필화가가 되었다. 어머니가 붓을 입에 물려주면 그는 물감을 묻혀서 캔버스에 옮긴다. 붓을 입에 물고 그림을 그리는 일은 남다른 노력과 고통, 시간과 체력 소모를 필요로 한다. 한 작품이 끝날 때마다 그들 모자는 그림을 안고 울었다. 집념과 인고의 세월이 그의 몇몇 작품을 미술전에 입상케 하고 그를 화가로 거듭나게 했다.

그의 그림의 소재는 나무다. 세월을 뚫고 가지를 틀며 역경을 살아온 나무에서 그는 자신을 본다. 넘어서지 못할 고비가 없고 견디지 못하는 아픔도 없다는 것을 수백 년 된 소나무는 말한다. 휠체어를 타고 정원 곳곳을 둘러보며 아들을 위해 나무를 가꾸어온 아버지의 마음을 읽는다. 그 마음을 화폭에 담으려 하는 것이다. 아스라이 잡힐 듯 잡힐 듯하면서도 좀처럼 떠오르지 않은 아버지의 나무.

아들은 붓으로 나무를 심는다. 그의 못다한 생명력은 아버지의 나무로 새롭게 태어날 것이다.

2006

讚歌

젊게 보인다 해서 싫어하는 사람은 없는 것 같다. 나도 예외가 아니어서 그런 말을 듣게 되면 "뭘요."하면서도 싫지가 않다. 남편에게 자랑삼아 이야기했더니, "날 따라다니느라 늙을 틈이 없었겠지." 한다. 그 말을 듣고 보니 그런 것도 같다. 남편이 건강하던 지난날에는 헛인사로도 내게 젊다는 말을 들려준 사람이 없었다.

지금 생각하면 그때는 남편 건강하겠다, 아이들 탈 없이 자라겠다, 별 걱정 없었을 터인데도 나는 늘 머리가 무거웠다. 가슴이 답답하고 밤이면 잠을 설쳤다. 방문을 열다가 남편이나 아이들이 서 있어도 철렁 가슴이 내려앉았다. 길을 갈 때면 차들이 내게 달려드는 것만 같아 교통순경에게 구원을 요청한 적도 있다. 검사를 해도 이렇다 할 증상이 없자 의사는 '청량리

(정신병원)'에 가야겠다며 웃었다.

그런 증세는 남편이 병이 나자 다 달아나 버렸다. 어느 날 갑자기 남편은 쓰러졌다. 건강을 자신하던 사람이라 혈압이 높다 했지만, 본인도 주위에서도 대수롭지 않게 생각한 것이 실수였다. 앰뷸런스에 실려가서 CT촬영과 뇌파검사를 받았다. 뇌출혈이니 수술을 해야 한다고 했다.

그 말을 듣는 순간 심한 변의(便意)를 느꼈다. 그 다급한 판국에 나는 두 번이나 화장실 출입을 했다. 응급실에 돌아오니 남편의 머리는 이미 삭발이 되어 있었다.

자정이 되기 전에 들어간 남편은 새벽 다섯 시가 지나서야 수술실을 나왔다. 붕대로 칭칭 감은 머리, 산소마스크며 주사바늘, 호스, 링거병 등이 벗은 몸을 휘감고 있었다. 움직임이 정지된 그의 육신은 살아 있는 생명체라기보다 하나의 물체로 보였다. 남편에게 닥친 엄청난 시련이 비로소 부정할 수 없는 현실로 다가왔다.

다행히 남편은 그날 오후 의식을 회복했다. 그는 중환자실로 찾아간 내게 잠시 정신을 잃었다 깨어난 줄 알았는지, 혀에 감기는 말소리로 집에 가자고 졸라댔다.

의사는 운동신경 마비라며 왼쪽을 못 쓸 거라고 했다. 못 쓴다는 말이 얼른 납득이 가지 않았다. 그저 살아난 것이 식물인간을 면한 것이 고마웠다. 그 무렵 남편의 친구 한 사람은 혈압으로 쓰러져 일 년 몇 개월을 사람도 못 알아본다고 했다. 그런데 남편은 말을 하고 눈으로 볼 수도 있다. 운동신경 마비 정도는 물리치료로 고치면 되겠지, 한 쪽이 살아 있으니 지팡이를 짚으면 일어설 수 있을 것이라 생각했다. 그러나 왼쪽이 처지니 오른쪽도 덩달아 기능을 발휘하지 못했다.

몸을 가누지 못하는 그를 휠체어에 묶고 물리치료를 다녔다. 물리치료를 받고 나올 때면 그는 번번이 화를 내곤 했다. 흑판에 붙들어 매고 벌을 준다는 것이다. 다리에 힘을 올리려고 일으켜 세우는 것이라 해도 듣지 않았다.

한 달이 지나도 물리치료는 마냥 제자리서 맴돌았다. 퇴원을 하고 보니 그 상태로는 통원치료도 불가능했다. 중풍환자를 여러 명 일으켜 세웠다는 지압사가 하루도 거르지 않고 다녀갔다. 침을 놓고 지압이 끝나면 그는 가제수건으로 말려 올라간 혀를 펴주고 팔다리 운동을 시켰다. 한때는 운동장을 내 집 마당처럼 누비던 다리, 허리통보다도 굵다던 남편의 다리는 근육이 빠져 팔만큼이나 가늘었다. 근육을 되살리고 기운을 불어넣는 팔다리 운동은 몸이 굳어버린 남편에게는 여간 곤욕이 아니었다. 굽혔다 폈다 할 때마다 그의 눈에서는 눈물이 주루룩 쏟아졌다.

남편의 눈물은 내게 아득한 옛 기억을 불러 일으켰다. 장난이 심했던 큰아이가 유리창에 머리를 부딪쳐 열 몇 바늘을 꿰매야했던 일을. 그때 그는 수술실 밖에 웅크리고 앉아 아이가 눈물을 그칠 때까지 따라 울었다.

다리에 힘이 오르자 지압사는 두 손으로 받치고 남편을 일으켜 세웠다. 7개월 만에 그는 드디어 일어선 것이다. 긴 항로가 끝나고 육지가 보인다고 생각했다. 곧 걷게 되겠지. 설렘이 밀물처럼 가슴을 채웠다.

손녀딸 손을 잡고 나들이할 날도 멀지 않겠다던 남편은, 함께 걸음마를 시작한 손녀가 아파트 마당을 신나게 뛰어다니게 되어도 여전히 몇 발자국 떼고는 후들후들 떨었다.

겨울에는 봄이면 걸을 것이라 믿었고, 봄이 가면 가을을 기다렸다. 기대와 좌절을 거듭하면서 남편은 방에서 마루로 조금씩 걸음을 넓혀 갔다. 어설픈 걸음으로 아파트 마당을 걷고 있으면 낯선 사람도 다가와서는 무슨 약이 좋다, 어느 병원이 용하다, 우리 아버지도 같은 병으로 고생한다며 걱정을 했다. 그리고는 내게 어쩌면 늘 웃고 사느냐며 고개를 갸우뚱했다.

엄청난 일을 당해서인지 그때 나는 아무 생각이 없었다. 작은 걱정은 큰 걱정이 날려 보내고, 큰 걱정은 해도 소용 없으니 놓아 버렸기 때문일 것이다. 아침에 눈을 뜨면 남편이 살아있다는 것이 고마워서 밤새 잠을 설쳤다는 생각은 다 묻혀버렸다. 그러다 이삼 년이 지나 다소 숨을 돌리게 되자, 남편이 나를 꼼짝없이 붙들어 놓는 것을 보면 내가 그에게 빚을 져도 단단히 졌을 것이란 생각이 들었다.

그러던 어느 날, 그것은 누구에게 빚을 졌다거나 갚는다는 차원이 아니라는 것을 깨달았다. 길을 가다가 동행이 병이 나면 혼자 두고 떠날 수는 없는 일, 당연히 해야 할 일을 하는 것은 인간다운 삶을 살고자 하는 자신에 대한 충실이지 누구를 위한 것이 아니다. 누구도 나를 구속하지 않는다. 그렇게 생각하자 몸의 비늘이 떨어지듯 어깨의 짐이 떨어져 나갔다. 나는 비로소 남편에게서나 나 자신에게서 자유로워졌던 것이다.

그때까지 나는 감사한다는 것을 모르고 살았다. 가진 것보다 내게 없는 것이 크게 보였고 갈증을 채우기에 늘 피곤했다. 남편이 병이 난 다음에야 그렇게 아등바등하며 산다는 것이 다 부질없는 짓임을 알게 되었으니, 아무래도 남편에게 빚이 많은 것 같다.

노랫소리가 들린다. 마루에 나가 보니 지팡이에 기대어 선 남편이 큰 소리로 애국가를 부르고 있다. 일절이 끝나기를 기다려 난데없이 웬 애국가냐고 했더니, 이 장엄한 광경을 대하니 애국가가 절로 나온다는 것이다.

그의 시선을 따라 베란다로 눈을 돌리니, 유리창 가득히 펼쳐진 보라매 공원의 이슬 머금은 수목들이 아침 햇살을 받아 눈부시게 빛나고 있다. 나들이도 자유롭지 못한 억제된 삶 속에서 남편은 지금 열심히 찬가를 부르고 있다.

남산 위에 저 소나무…….

내 가슴에도 잔잔한 물결이 인다. 장마가 갠 하늘은 더없이 푸르다.

1992

전화여행

어느 모임에서 ≪아름다운 얼굴≫로 동인문학상을 수상한 송기원의 이야기가 나왔다. 그가 모종의 사건에 연류되어 감옥살이를 할 때, 고독을 메우려고 10년 동안 편지를 썼다는 어느 무기수의 이야기를 듣게 되었다. 그 무기수가 부칠 곳도 없고 쓸 의욕도 잃어 끝내 붓을 꺾고 말았다는 말을 듣고, 그렇다면 그 절대고독을 내가 대신 메우리라 하고 붓을 든 것이 그를 작가로 만든 계기가 되었다는 것이다.

절대고독을 메우려는 작업, '절대고독'이라는 말을 듣는 순간 나는 가슴에 심한 통증을 느꼈다. 지금 이 순간도 수화기를 들고 있을 남편이 떠올랐던 것이다.

남편은 눈을 뜨면 다이얼을 돌리는 것이 일과다. 맨 먼저 신호가 가는 곳은 큰아들네다. 전화를 받는 며늘아기에게 하는 말은 "잘 잤나, 아비 깨워라." 다음은 큰딸네, 그 다음 차례는 대전에 사는 작은딸네다.

어찌 그 말밖에 할 말이 없소. 큰애가 감기 기운이 있나 보던데 어떠냐고 물어보지 그랬소 해도, 모닝콜은 그렇게 하는 것이라며 녹음테이프를 틀어놓은 듯 하루를 시작한다.

저녁 프로는 조금 다르다. "저녁 먹었나, 아이들 들어오고 애비도 들어왔나", "장서방 들어오고….", "이서방도 들어왔지?" 하며 또 한 차례 둘러본다. 그 옛날 퇴근 후면 차례로 아이들 방문을 열어 보았듯이.

아침저녁으로 하는 인사 말고도 아이들은 하루에도 여러 번 아버지 전화를 받아야 한다. 큰아들 사무실과 막내의 연구실도 예외는 아니다. "야 임마, 지금 뭐하고 있어."는 큰아들이 들어야 할 몫이고, "오늘은 집에 올 거지?"는 인천에 가 있는 막내 몫이다. 알밤이라도 한 대 먹일 듯한 목소리와는 달리 표정은 한결 부드럽다.

그의 전화 나들이는 요즘 들어 부쩍 길어졌다. 대구에 있는 두 누이와 부산의 누님네까지 원정을 가는 것이다. 누님에게는 문안인사 정도로 끝나지만 만만한 손아래 누이들에게는 마음내키면 하루에도 여러 차례 전화를 한다. 그러다 보니 누이들도 함부로 자리를 비울 수가 없는지 파 한 단 두부 한 모를 사러 나가도 미리 전화를 하니, 부산 소식 대구 소식을 손바닥 들여다보듯이 훤히 꿰고 있다. 발로 뛰지 못하는 답답함을 전화로 달래는 것이다.

몸이 성할 때 그는 잠시도 집에 가만있질 못했다. 틈만 나면 동료들과 어울리거나 나를 끌고 밖으로 나가곤 했다.

결혼 사흘 만에 신행을 간 그날도 저녁을 먹자 산책을 나가자고 했다. 그럴 수 없다고 했더니 그는 화가 나서 대문 밖으로 뛰쳐나갔다. 아들이 밖으로 나간 것을 알게 된 어머님이 멀리는 안 갔을 게다. 담벼락에 붙어 있을 것이니 나가보라고 나를 내보내셨다.

그런 그가 중풍으로 쓰러진 지 십년이 넘는다. 혼자서는 대문 안 행보도 여의치 않으니 누구의 도움 없이는 아무 데도 얼굴을 내밀지 못한다.

한번은 그의 친구들 모임이 우이동에서 있었다. 동작구에서 우이동까지 적지않은 시간을 소비하고 차에서 내리니 친구들은 계곡 건너편 정자에 앉아 있다. 계곡 위에는 판자로 엮은 다리가 놓여 있는데, 군데군데 떨어져 나가서 성한 사람도 건너가기가 조심스럽다. 다소의 무리는 각오하고 왔지만 너무하다는 생각이 들었다. 되돌아갈까 하다가 문득 나 역시도 아픈 사람을 고려한 적이 있었던가 하는 생각이 들었다. 남편 친구들이 부축해서 다리를 건너게 되었지만 그런 일이 있고부터는 미리 답사하지 않고는 선뜻 길을 나서지 못한다.

그의 나들이는 줄어들고 친구들의 발길도 멀어졌다. 그들에게 남편은 과거의 사람으로 잊혀져가고 있는지도 모른다. 그의 전화나들이가 잦아진 것이 그때부터였으리라.

어제도 오늘도 그는 이 사람 저 사람에게 전화번호를 물어가며 옛 친구들을 찾아간다. 그들 중에는 고드름이 주렁주렁 매달린 야전천막에서 서로의 체온으로 몸을 녹였다는 옛 전우도 있다. 그 친구는 병원을 개업하고 있어서 신호가 가도 진료 중이거나 수술 중일 때가 많다. 바쁜 사람에게 무얼 그리 자주 전화를 하느냐 해도, 우리는 생사를 같이 했던 전우라며 다이얼을 돌리는 손을 멈추지 않는다. 세월도 인심도 그를 떠나고 말았건만, 남편의 마음 속에 그들은 여전히 때묻지 않은 옛 모습으로 살아 있다.

낚싯대에 어신이 오듯 어느 날 기쁜 소식이 왔다. 초등학교 동기생과 줄이 닿은 것이다. 남편의 코흘리개 친구인 ㅈ씨는 수화기를 놓기 바쁘게 집으로 달려왔다. 두 친구는 50년 세월을 훌쩍 넘어 까까머리 초등학생으로 돌아갔다. 33회 졸업생이라 해서 '삼삼회'라 일컫는 모임의 총무직을 맡고 있다는 ㅈ씨는 동기생들의 근황을 소상히 알려준다. 십몇 년째 다달이 모인다며 다음달 동창회 날 그는 우리를 데리러 왔다.

모임장소인 ㄹ호텔에는 십여 명이 나와 있었다. 50년 세월은 까까머리를 백발로 변화시켜 놓기도 하고, 아예 시원스레 민둥산으로 만들어 놓기도 했다. 얼른 못 알아보자 그중 한 사람이 "머리는 보지 말고 얼굴만 보라." 하더니 손으로 백발을 가렸다. 거기 장난기어린 옛 모습을 발견한 남편은 "너 아무개 아이가." 하고 탄성을 질렀다. 그는 옛 친구를 되찾았을 뿐 아니라 잊혀졌을지도 모를 자기의 존재를 친구들에게 되살려 놓은 것이다.

언젠가 딸이 내게 이런 말을 했다. 새벽같이 걸려오는 아버지 전화 때문에 잠을 설친다며 불평을 했는데, 차츰 그 시간에 눈을 뜨게 되고, 어쩌다 전화가 없으면 이러다 아버지 전화가 끊어지게 되면 어쩌나 하는 생각이 든다고 했다. 그러면서 그 아이는 "엄마, 아버지 전화값 제가 드릴게요." 라는 말을 덧붙였던 것이다.

1998

아들네 집에 자 주러 갔다가

동창모임에서 “다음 달은 더 바쁘다. 막내가 새 아파트로 이사를 가니 가서 한 이틀 자 줘야 한다.” 했더니 모두들 깔깔 웃는다. “너 몰라도 한참 모르는구나. 요즘 시어머니는 김치 담가 수위실에 맡기거나 택배로 보내야지 현관까지 들고 갔다가는 눈총 맞는다는 거. 아들네 이사 가면 필요한 데 쓰라고 금일봉 주면 되지 시어미가 가서 묵고 온다고? 그것도 ‘자 준다’고 생색까지 내다니 몰라도 너무 모른다.” 며 누구 한 사람 잘한다는 이가 없다.

난들 세상 돌아가는 거 몰라서가 아니다. 그런 세련된 시어머니 못돼 줄 것도 없지만 그러고 싶지 않은 것이다. 단추만 누르면 앉아서 장도 보고 은행도 가는 세상이니 굳이 남을 필요로 하지 않는다. 더구나 젊은 세대는 공부만 하면 된다고 온

갖 시중 다 들어주며 고이고이 키우지 않았던가. 나밖에 모르는 사람이라 해서 그들만 나무랄 일은 아니다. 번거롭고 귀찮다고 나 좋을 대로, 너 좋을 대로 살다보면 부모 자식 간에 맥이 끊어지지 않을까 염려스럽다.

나는 사람과 사람 사이에 오가는 정은 화장한 고운 얼굴보다는 있는 그대로의 모습에서 우러난다고 생각한다. 명절이나 생일날 케이크나 선물 사들고 가는 것도 좋지만 진정 필요로 할 때 옆에 있어주는 것이 가족이라고 믿고 있다.

얼마 전 큰댁 조카가 며느리를 보았다. 예식이 끝나고 폐백실에서 작은할머니가 되는 나와 대고모가 되는 시누님이 나란히 앉아 종손부의 절을 받았다. "아들 딸 낳고 사이좋게 잘 살아라." 형님 내외분이 계셨다면 하실 그 말씀을 대신하며 코끝이 시큰해졌다.

이런 자리에는 웃어른이 앉아 있어야 무게가 실린다. 젊은 사람들만 있다면 역사가 없는 나라처럼 썰렁할 것이다. 훗날 우리 손자들이 혼인할 때 내가 그 자리에 있게 될는지? 조카들이 신랑신부의 종백부 백모로 자리를 빛내줄 것을 생각하면 마음 든든하다.

짬을 내어 막내에게 전화를 했다. 너희 집에 자 주러 간다 했더니 모두들 웃는데, 어떠냐고 물었다. "그것은 당연히 어머니가 하셔야 할 몫입니다." 하는 아들의 답변, 며느리도 와서 주무셔야죠 한다.

'행복한 마을'에 있는 아들네 집은 아파트 숲에 싸여 있으나 앞동이 옆을 보고 있어 시야가 트이고 밝다. 요즘 짓는 아파트답게 앞뒤 베란다가 넓어서 웬만한 짐은 다 수용한다. 아이들 놀이방도 한쪽 벽은 동화책이 차지하고 어린이 싱크대 · 조리대 · 공구대가 방안을 점령해서 밀려난 장난감들을 베란다가 맡아 주고 있다.

좁은 공간에 살다가 화장실이 두 개 있는 집에 오니 손주들이 더 신이 났다. 현관에 붙은 화장실 변기는 비데가 부착되어 있어 다섯 살 된 윤지는 앉을 때마다 비데를 튼다. 물소리에 이어 건조기 돌아가는 소리, 그러고도 습관처럼 휴지로 닦는다. 누나를 본떠서 두 돌 지난 진이도 휴지로 고추를 닦는 것이 여간 우습지가 않다.

봄에 유치원에 들어갈 윤지는 제 어미가 한두 자씩 가르쳐 준 것이 이제 웬만한 책은 다 읽는다. "할머니, 동화책 읽어줄게." 하고는 〈알프스 소녀 하이디〉와 〈인어공주〉를 꺼내온다. '5+5=, 3+4=' 하고 산수 문제도 내준다. 공부가 끝나자 "할머니, 우리 식당놀이 하자." 하고 색종이로 만든 돈을 건네주며 "이 돈으로 우리 식당에 와야 해." 한다.

앞치마를 얌전히 두른 윤지가 주머니에서 수첩과 연필을 꺼내며 "할머니, 무얼 먹어?"하고 주문을 받는다. "나 밥하고 된장찌개." 했더니, "우리 레스토랑은 비프스테이크 팔아요." 한다. 이것 봐라. 하긴 피자나 햄버거에 맛들인 세대는 그럴 수도 있겠구나 싶다. 조리대에서 만들어 낸 비프스테이크와 서비스로 나온 커피까지 마시고 일금 3만 원을 건네주었다.

윤지와 진이의 친구 되고 손님 되고 히히 하하 하다보니 둘째 날이 갔다. 간밤에는 "내일은 할머니랑 같이 자 줄게." 하던 윤지는 막상 밤이 되니 어미 이불 속으로 기어 들어갔다.

한가해진 나는 거실 소파에 길게 앉아 대형화면에서 나오는 주말 드라마에 빠져 들었다. 거기까지는 좋았다. 돌연 방에서 아이들 우는 소리가 났다. 울음소리가 심상치 않다 했더니 마루로 뛰쳐나온 윤지가 속의 것을 토했다. 진이도 속이 거북한지 큰 소리로 울어 댄다. 낮에 먹은 탕수육과 자장면에 체한 모양이다. 소화제까지 게운다. 어미는 윤지를 달래고, 아비는 진이를 안고 등을 두드린다. "이리 와." 하고 손을 내미는 할미는 아는 체도 않고 소라가 제 껍질 속에 몸을 숨기듯 어미, 아비 품에 파고든다. 나는 그만 할 일이 없어졌다. TV를 보고 있자니 그렇고 물에 기름 돌듯이 나만 따로 놀고 있다.

십수 년 전, 큰아들네와 한집에 살 때 일이다. 친정어머니 상을 입어 일주일 동안 집을 비웠다가 돌아오니 큰손녀 지윤이가 그랬었다. "할머니, 나 할머니 보고 싶어 울었다. 두 번이나 울었다. 할머니 치마에 얼굴 묻고 울었다."

아이들은 정직하다. 윤지와 진이, 기저귀 갈아 주고 업어 주고 안아 주고 한 일이 몇 번 있었던가. 한 달에 두어 번 얼굴 보고 과자 몇 봉지 안겨 주는 것으로 할미 노릇 한다 했으니.

누구에게도 방해 받지 않고 자다가 놀다가 책 보다가, 그렇게 조용히 살기를 바라는 그 이면에 이런 복병이 도사리고 있을 줄이야.

이튿날 병원에 갔던 아이들이 약봉지 하나씩을 들고 돌아오자 나는 서둘러 집으로 돌아왔다. 아이들은 아이들대로, 나는 내 방식대로 살다보니 그건 어쩔 수 없는 일인지도 모른다는 생각을 하면서.

며칠 후 윤지어미한테서 전화가 왔다. 윤지 앞 이빨 하나가 빠졌다며, 윤지 놀리지 말라고 동네 개구쟁이들에게 부탁했어요 한다. 몸도 마음도 여려서 놀림을 받고도 말 한마디 못했던 내 어린시절이 생각났다.

"그럴 때는 큰소리 치는 거야. 누구 이빨 빠지지 않는 사람 있으면 나와 보라 그래, 하고 말이다."

전화를 끊고 나니 마음이 후련하다. 할미와 손주 사이에 '마음의 통로' 하나를 찾았다 할까.

2002

어머니의 이야기는

세상 부모들은 자식 잘 되는 낙으로 산다. 40대 50대까지도 동창모임의 화제는 그 대부분이 자식자랑이었다. 아이들이 일류대학 가는 것을 제일가는 효도라고 생각해서인지, 이야기는 주로 그 주위에서 맴돌았다.

한날 한시에 S대학을, 그것도 세 아들을 한꺼번에 졸업시킨 친구가 있다. 큰아들은 군대를 거쳐 대학원을 졸업하고, 둘째는 의과대학을, 셋째는 상과대학을 졸업하는 영광의 자리에 어머니는 섰다. 세 아들 거느리고 학사모까지 쓴 어머니 모습은 천하를 얻은 만큼이나 당당해 보였다.

같은 S대학에 전체 수석으로 아들을 입학시킨 친구도 있다. 수석 합격자의 어머니로 아들과 함께 청와대 초청을 받은 그 친구는 대통령 옆자리에서 점심을 들며, 궂은 일 마다 않고 아들 공부시키는 낙으로 살아온 반생을 보상받았던 것이다.

그런 자랑스런 어머니들, 장한 아들을 두었다 해서 주위 사람들까지 우쭐하게 했던 어머니들. 그 어머니들 입에서 언제부터인가 말이 사라졌다. 신나게 자랑하는 이도, 덩달아 손뼉치는 이도 없는 동창모임은 장꾼들이 빠져 나간 장터처럼 썰렁하다.

내가 네 아이 데리고 힘들어할 때면 어머니는 그러셨다.

"사람 사람이 자기 고생은 알아도 낙은 모르는 기라. 지나고 보니 아이 낳아 기르며 고생한 것이 그게 낙이었던 기라."

아이들이 부모를 필요로 하던 우리의 전성시대는 이제 가버린 것이다.

얼마 전 텔레비전 프로 〈아침마당〉은 병든 어머니를 아들들이 맡으려 하지 않는다는 딸의 하소연으로 시작되었다. 시부모님에다 시조모님까지 모신 어머니는 늙고 병들자 몸을 의탁할 곳이 없는 것이다. 손자들한테서 '할머니'소리를 듣지 못한다는 큰아들네. 형이 있는데 내가 왜 어머니를, 재산도 형이 많이 가져갔다고 투덜대는 작은 아들. 딸네집은 어머니가 마다고 했다. 딸이라고 공부도 제대로 시키지 않고 재산도 물려준 것이 없는데, 아들 두고 사위집에 갈 수는 없다는 것이다.

이야기를 듣던 상담자들은 하나같이 재산을 몽땅 아들들에게 분배한 아버지의 처사를 나무랐다. 그 재산을 환수해야 한다는 말도 나오고, 자식들이 번갈아가며 한 달씩 모시도록 해야 한다는 말도 나왔다. 이야기는 거기서 매듭을 짓는 성싶었다.

그러자 상담자의 한 사람인 H교수가 더는 참을 수 없다는 듯이 발언을 자청하고 나섰다.

"부모가 무슨 물건입니까, 이 집 저 집 돌리다니. 모실 자식이 없으면 차라리 어머니가 원하는 대로 양로원으로 가시게 하세요. 자식들 체면 문제라고요? 모시지도 않는 자식들 체면까지 세워줘야 합니까."

잠시 후 그는 덧붙였다.

"하긴 요즘 젊은 사람들은 제 살기 바쁘고, 남편 출세시켜야 하고, 아이들 좋은 대학 보내야 하고, 그러니 언제 부모 생각하겠습니까."

언제 부모 생각하겠느냐는 말에 나는 가슴이 쿵 하고 내려앉는 것을 느꼈다.

어머니는 여든아홉에 세상을 뜨셨다. 허리는 굽고 몸은 새털처럼 가벼워 걸음을 걸으면 치맛자락만 너울거릴 뿐 발소리가 없었다. 몸도 기력도 쇠잔했지만 먼 길 가시던 날 아침도 화장실 출입을 했다. 어머니가 병상에서 오래 신고하지 않는 것이 고마운 자식들은 안고 있던 무거운 짐을 내려놓은 듯 숨을 내쉬었다. 눈물은 마르고 어머니는 과거의 세계로 묻혀졌다고 생각했다. 그러나 일 년이 지나고 이 년이 지난 오늘 나는 새삼 어머니를 생각하며 마음이 무거워지곤 한다.

말년의 어머니는 당신답지 않게 이야기가 많아졌다. 마지막 생명을 이야기로 연소하려 함인지, 조그마한 몸 어디에 그 많은 이야기가 숨어 있었던가 싶게 이야기는 길었다. 숨이 차고 기억이 흐려 끊어졌다가 이어지곤 하는 이야기는 오래된 녹음 테이프를 틀어놓은 듯 가물가물했다.

나는 그때 어머니의 이야기를 듣고 있지 않았다. 연속 방송극에, 신문의 연재소설에 정신이 팔려 건성으로 네 네 하고 있었다.

그런 딸을, 딸이 옆에 있다는 것으로 마음이 놓이는지 어머니 얼굴은 적이 편안했다. 육남매 떠안고 마흔 둘에 혼자된 설움의 세월을, 다 큰 자식들을 앞세워야 했던 아픔을, 그 한을 풀어 놓고 가려했던 어머니의 이야기는 그렇게 듣는 이도 없이 사라졌다.

나는 요즈음 길을 가다가, 잠자리에서도 문득문득 그때 외면했던 어머니의 이야기를 듣는다. 허공 중에 흩어진 줄 알았던 어머니의 이야기는 이제 나의 이야기가 되어 되살아나고 있다.

1995

빨간 도시락

우산을 털며 현관문을 들어서는데 원이가 쪼르르 달려온다.

"할머니, 내일 비 오면 나 소풍 간다." 하는데, '간다'는 '다'가 한 옥타브나 높다.

비 오는데 무슨 소풍이냐고 핀잔을 주었더니, 녀석은 선생님이 그러셨는데 할머니는 뭘 모른다는 듯이 눈을 흘긴다. 비가 와도 소풍을 간다는 선생님 말씀을 '비 오면 간다'로 들은 모양이다. 원이가 다니는 유아원에서는 이천 도자기 공장을 견학하기로 한 달 전에 이미 예약이 되어 있었던 것이다.

아이 어멈은 첫 소풍 가는 원이의 배낭을 챙기느라 부산해졌다. 아이가 좋아하는 것들로 배낭은 금세 채워졌다. 원이는 배낭을 메고 오는 사람 가는 사람을 붙들고는 비 오면 소풍 간다고 으스댄다. 저녁을 먹을 때도 배낭을 벗어 놓으려 하지 않는다.

아홉 시 뉴스가 시작되면 베개를 안고 “할아버지 할머니 안녕히 주무세요.”하고 잠자리에 드는 녀석이 오늘은 방에 가려고 하지 않는다. 벌써 몇 번째 쫓겨 들어갔다가는 뛰쳐나오곤 한다. 자정이 가까워서야 애아범이 끌고 들어갔는데 잠시 후 들여다보니 배낭을 껴안은 채 잠이 들었다. 잠든 원이를 보고 있으니 어느덧 어린 시절의 내가 그 자리에 들어와 있다.

내가 초등학교 일학년 때는 배낭을 ‘룩색’이라고 했는데 한 학급에 한두 사람만 가지고 있었다. 대부분은 보자기에 둘둘 말아온 도시락을 남자아이는 등에 비스듬히 둘러메고 여자아이는 허리에 질끈 매고 다녔는데, 어린 눈에도 여간 촌스럽지가 않았다. 소풍 날짜가 정해지자 나는 어머니에게 룩색을 사 달라고 해야지 하고 마음 먹었다. 그러나 갑자기 신열이 오른 남동생 때문에 어머니는 병원 다니시기에 정신이 없었다.

경황 중에도 아버지는 소풍 가는 세 딸을 위해 도시락을 사 오셨다. 그것은 보자기에 싸야 하는 납작한 도시락이 아니라 핸드백처럼 어깨에 걸게 된 반합飯盒형 도시락이었다. 생긴 모양도 깜찍하고, 빨강 · 노랑 · 파랑의 고운 칠을 입힌 알루미늄 도시락은 뚜껑에 예쁜 꽃무늬가 그려져 있었다. 나는 그 중에도 새빨간 도시락이 마음에 들었다. 언니가 가져가면 어쩌나 했는데, 아버지는 빨간 도시락을 내게 안겨주셨다.

도시락을 메고 소풍 갈 일을 상상하는 것으로 나의 하루는 마냥 즐겁기만 했다. 학교에서 돌아오기 바쁘게 나는 빈 도시락을 메고 방에서 마루로 마당으로 빙빙 돌았다. 마당은 내가 소풍 갈 안지랑이 골짜기였고 빈 도시락은 하얀 쌀밥과 내가 좋아하는 '덴뿌라'와 어묵으로 채워져 있었다.

신선한 재료로 만든 '덴뿌라'와 생선살에 분홍빛 옷을 입힌 반달 모양의 어묵은 북어무침과 명란젓(그 시절에는 흔하고 흔한 것이 명태였다), 무장아찌와 콩자반에 식상한 내게는 그 맛깔스러운 빛깔만으로도 군침이 돌게 했다.

어머니는 소풍 전날 언니들을 불러, 너희들이 장을 봐야겠다고 하셨다. 큰언니와 둘째언니, 그 뒤를 내가 따랐다.

J시장까지 먼 길을 걸어가서 '덴뿌라'와 어묵을 사고, 명과로 이름난 고가빵집에 가서 계피가루에 굴린 생과자와 밤소를 넣어서 구운 밤만두를 샀다. 아이들에게 인기가 있었던, 싸라기 같이 굵은 사탕을 입힌 왕눈깔 사탕도 물론 잊지 않았다. 오는 길에 소쿠리 장수한테서 삭힌 감을 샀는데 매끈한 것보다 얽은 것이 맛있다 해서 곰보만 골랐다. 준비는 끝났다. 이제 "해님 해님, 내일 비 안 오게 해 주세요."하고 하늘에 빌 일만 남았다.

그런데 해질 무렵 뜻하지 않은 일이 일어나고 말았다. 하긴 며칠 전부터 분위기가 심상치 않았다. 흰 가운을 걸친 의사가 하루에도 몇 번씩 드나들고, 주사기를 든 간호사가 두 사람으로 늘어나더니 교대로 밤을 지켰다. 그렇게 정성을 다했는데도 끝내 어린 생명을 붙잡지 못했다.

어머니는 내리 딸 넷을 낳고 아들을 낳았다. 혼인한 지 18년 만에 얻은 아들이었다. 하늘에 빌고 땅에 빌어 천지신명이 내리신 아들이었다. 그 아들을 데려가다니, 하늘도 무심하여라. 이렇게 거두어 갈 바에야 차라리 점지하지 말 것이지, 하며 어머니는 땅을 치며 울었다.

"좋은 데 가거라. 불쌍한 내 아들."

어머니의 기도는 통곡으로 바뀌었다. 눈물이 마른 아버지의 오열은 우리 가슴을 짓이겨 놓았다. 언니도 울고 나도 울었다. 내일의 소풍이 나를 더욱 슬프게 했다. 죽음이 무엇인지, 먼 길이 영영 돌아올 수 없는 길이라는 것을 나는 알지 못했다.

긴 밤이 가고 날이 밝았다. 인간의 애환은 아랑곳없이 하늘은 청명했다. 동무들의 소풍 행렬이 꽃길 따라 길게 이어질 그 시간, 동생은 작은 나무상자에 담겨져 집을 떠났다. 나의 소풍도 묵묵히 그 뒤를 따랐다.

이듬해도 소풍날은 왔을 것이고, 나는 어머니가 싸 주신 도시락을 메고 때늦은 첫 소풍을 갔을 것이다. 그러나 어디를 갔는지 무엇을 했는지 그 기억은 앨범에서 떨어져 나간 사진처럼 찾을 수가 없다. 나의 고장난 기억의 시곗바늘은 언제나 그 잃어버린 소풍에서 멎어 있다.

50여 성상은 동생의 슬픈 사연도 한갓 옛 이야기로 돌려놓았다. 그러나 소풍날, 부엌 한 모서리에 웅크리고 있던 그 빨간 도시락은 깨어진 꿈의 잔영殘影인 양, 지금도 내 마음 한 구석에 자리하고 있다.

1994

내 이름 석 자

두 번째 만남에서 선을 본 그 남자는 누구네 집 딸이 아닌 내 이름을 물었다. 끝 계季에 구슬 주珠, 내가 말하는 대로 받아 쓰던 그는 "어! 우리 둘째누님이랑 같은 이름이네." 한다. 순간 이 남자가 아부를 하는가 하는 생각이 퍼뜩 머리를 스쳤다. 왜 있잖은가, 처음 만난 사람들 사이에 고향이 같다거나, 형님이랑 같은 학교 출신이네 하고 촌수를 당기는 그런 거.

그는 내 속을 들여다보기라도 한 것처럼 먼저 썼던 내 이름 옆에 활달한 글씨로 누님 이름을 썼다. 성만 다를 뿐 같은 이름을.

그때까지 나는 나와 같은 이름을 본 적이 없었다. 같은 이름이 수십 개씩 줄을 서는 전화번호부에서도. 그뿐 아니라 주珠자 위에 붙은 계季자가 무엇을 의미하는지 생각한 적도 없었다.

아들 둘에 딸 다섯, 칠 남매인 그 댁에는 장남을 두고도 둘째 딸에게 끝 계자가 주어졌다. 이제 딸은 그만 낳으라는 그 글자가 둘째 아닌 셋째인 내게 돌아온 것을 보면 우리 부모님이 보다 너그러웠다고나 할까.

어머니는 나를 가졌을 때 감나무에서 용이 내려와서 몸에 감기는 꿈을 꾸었다. 한자리에 있던 옆집 할머니가 용득이라 이름지으라 했다는데, 내리 세 번째 딸을 낳은 어머니 입에서 감히 그런 말이 나왔겠는가.

어머니는 열여섯에 두 살 위인 아버지에게 출가하셨다. 아버지는 고향을 떠나 서울에서 중학교를 나오고 중국 상해에서 대학을 나오셨다. 곧바로 독일로 유학하려 했으나 어른들의 만류로 뜻을 이루지 못했다. 금강산에서 실의의 나날을 보내던 그때의 아버지 사진이 이 글을 쓰는 지금도 눈에 선하다.

몇 해 후 동문수학하던 안모 씨가 독일에서 학위를 받고 귀국해서 조강지처와 이혼하고 시인 M씨와 결혼했다는 말을 듣고, 아버지는 어머니더러 그러셨다는 것이다. 나도 독일 갔으면 임자와 헤어졌을지도 모른다고.

그러기도 했을 것이다. 아버지는 최신 교육을 받은 인텔리였고, 아버지 대학시절 사진을 보면 교수진은 거의 서양 사람들이고, 교과서는 독일어로 되어 있었다. 어머니는 학교라고는 문턱도 못 가 본 양반집 규수였으니.

학자 집안에 태어난 어머니는 어깨 너머로 배운 글 솜씨로 집안어른들의 사돈지를 대필했고, 불경을 한문으로 읽을 만큼

한문 실력도 만만치 않았으나, 어머니가 쓴 아라비아 숫자는 3이 바로 서지 못하고 땅에 코를 박고 있었다.

어쩌면 이 세상에 태어나지 않았을지도 모를 우리 형제들. 그러나 네 살에 어머니를 여의고 일곱 살까지 유모 집에서 자란 아버지, 젊은 시절을 객지로 객지로 돌아다니며 혈육의 정에 메말랐던 아버지는 우리 자매를 끔찍이 사랑했다. 공일날이면 어린 여동생은 집에 두고 나까지 세 딸을 데리고 동촌유원지나 화원유원지를 돌아다니며 산행을 하거나 보트놀이를 했다. 구슬이 병마개 구실을 하는 '라무네'라는 음료수를 찡한 마음으로 기억하는 것도, 대구 제일가는 백화점 미나카이(三中井)에서 먹은 '오야코돈부리'라는 계란덮밥을 잊지 못하는 것도 모두가 아버지의 기억과 맞물려 있어서다.

"아무개는 남의 농사만 짓고 있네, 말짱 헛거다."하는 소리를 들으면서도 아버지는 딸이라 해서 아들과 달리 대우하지 않았다.

내가 여섯 살 되던 해 고향인 청도에서 대구로 이사를 왔는데, 새로 지은 집은 안채 사랑채가 따로 있는 번듯한 기와집이었다. 시골의 흙벽에 익은 눈에는 하얗게 회칠한 벽이 커다란 도화지로 보였는지, 우리 형제들은 숯을 들고 앞벽 뒷벽 할 것 없이 돌아다니며 까맣게 도배질을 했다. 나 같으면 그냥 두지 않았을 것이다. 몽둥이를 들고 한 놈 한 놈 닥치는 대로 두들겨 팼을 것도 같은데, 아버지는 그러지 않았다. "허허, 그놈들 잘 그렸다!" 하고 껄껄 웃었던 것이다.

형제들 중에도 내게 대한 부모님의 사랑이 더 각별했던 것 같다. 기억 속의 나는 어릴 때부터 무척 약골이어서 학교를 가는 날보다 쉬는 날이 많았다. 초등학교 2년, 3년 때는 아예 한 학기씩 통째로 말아먹었다. 어머니는 염매시장에 가서 몸을 보한다는 보신탕 장국을 사다 나르기 바빴고, 아버지는 내가 누운 머리맡에 날마다 싱싱한 과일을 한 소쿠리씩 담아 놓았다. 시키지 않아도 시간 맞추어 꼬박꼬박 약 챙겨먹는 것이 신통해서, 이건 훗날 어머니에게 들은 얘기다.

초등학교 5학년 때, 수업시간에 소설을 읽다가 선생님에게 발각되었다. 그때 나는 책이라면 닥치는 대로 읽었는데, 선생님은 꾸중은 않고 "내일 아버지 뫼시고 오라."고 하셨다. 그것이 더 두려웠다. 밤새 고민이 되었으나 입을 열지 못했다. 날은 밝고 학교 갈 시간은 다가왔다. 가방을 메고 사랑으로 간 나는 "아버지, 선생님이 아버지 뫼시고 오래요." 하고는 눈물이 비 오듯 쏟아졌다. 아버지는 이유를 묻지 않았다. "알았다." 하고 고개를 끄덕이셨다.

어렵사리 얻은 아들이 네 살이 되고 내 나이 열다섯 되던 해 겨울, 아버지는 먼 길을 가셨다. 한창 사실 마흔넷 젊은 나이에. 아들이 어리니 열여덟, 열여섯, 열다섯, 딸 셋이 영구차를 따랐다. "나는 어떻게 살라고!" 방바닥을 치며 통곡하던 어머니의 울음소리가 뒤쫓아와서 나는 연방 뒤를 돌아보고 돌아보곤 했다.

아버지가 좀 더 오래 사셨다면 내 인생이 어떻게 달라졌을까? 가끔 그런 생각이 들 때가 있다. 〈운동회 이야기〉로 초회 추천 받았을 때도 그랬다. 눈물이 걷잡을 수 없이 쏟아져 타고 가던 버스에서 고개를 들지 못했다.

"네가 아들이었다면, 태몽이 아깝다." 하시던 어머니도 십 년 전 세상을 뜨셨다. 어머니 생전에 글을 썼더라면 "너희 외할아버지를 닮았구나." 하고 좋아하셨을 터인데.

뒤늦게 글을 쓰게 되면서 나는 나를 세상에 있게 한 부모님 마음을 헤아리게 되었다. 바라지 않았던 딸의 출생에 하늘이 야속하고 원망스럽고, 그러면서도 '네게 무슨 죄가' 하는 어린것에 대한 연민. 그 연민 속에 나는 더 진한 부모님의 사랑을 느낀다.

부모님에게는 언제나 철들지 않았던 이 '가시내'. 용을 얻지는 않았어도 착하고 바르게 살아가기를 바라시던 그분들의 바람에 어긋나지 않기를 바랄 뿐이다.

2002

모천으로 돌아가다

성어가 된 연어는 모천으로 돌아가서 알을 낳고 생을 마친다. 갑년이 되어서야 산다는 것이 앞으로만 치닫는 직선이 아니라 본래 자리로 되돌아가는 커다란 원이라는 것을 알게 되었다. 어제 일은 곧잘 잊어버려도 어린 시절의 일들이 선연하게 떠오르는 것은 그만큼 원점이 가까워졌음을 의미하는 것이리라.

두 살 아래 동생이 강보에 쌓였을 때이니 내 나이 세 살 때인 듯싶다. 일하는 아이가 군불을 때다가 불을 냈다. 불붙은 부지깽이로 장난질한다는 것이 그만 초가지붕에 옮겨 붙은 것이다.

"불이야!"

동네사람들이 불을 잡는다고 아우성일 때, 나는 방안에서 문고리를 잡고 울고 있었다. 발이 얼어붙어 문을 열고 뛰쳐나갈 생각을 하지 못했다. 잠시 후— 그건 내겐 아주 긴 시간이었는데— 방에 뛰어든 엄마는 방바닥에 누워 있는 동생을 안고 밖으로 나갔다. 나를 데리고 나간 것은 그 다음이었다. 불은 잡았지만 엄마는 동생이 보다 소중했던 것이 아닐까 하는 마음은 오래도록 내 기억 속에 얼룩처럼 지워지지 않았다.

결혼을 하고 아들을 낳은 다음 딸을 낳았다. 딸아이가 돌이 되기 전, 우리가 세들어 살던 집 안채 뒤곁의 축대가 무너지는 사고가 있었다.

"와르르 쾅!"

굉음에 놀란 나는 반사적으로 젖먹이를 안고 뛰쳐나갔다. 밖에 나오자 큰아이를 두고 왔다는 생각에 허겁지겁 방안으로 뛰어 들어갔다. 축대가 우리방을 덮쳤다면 어떻게 되었을까. 그 일이 있고서야 어머니가 동생을 안고 나간 것은 어린것에 대한 모성의 본능임을 알게 되었다.

내가 여섯 살 때까지 살던 고향집은 부엌을 끼고 돌면 측간이 나왔다. 네 살 무렵인 듯싶다. 측간에 간 나는 거기 커다란 구렁이가 똬리를 틀고 있는 것을 보았다.

측간에 갈 수 없게 된 나는 담벼락에 붙어 앉아 일을 보았다. 몸 안에서 방금 나온 그 물체에서는 김이 모락모락 피어오르고 있었다. 문득 빵을 쪄놓은 것 같은 저것은 어떤 맛일까 하는 궁금증이 일었다. 손끝으로 살짝 찍어 혀로 가져갔지만 더럽다는 생각은 없었다. 갈치나 꽁치 같은 생선도 갓 잡았을 때는 비린내가 없는 것으로 보아 역한 냄새가 없었던 것이 아닐까.

내가 자랄 때만 해도 농촌의 사내아이들은 대여섯 살이 되면 꼴망태를 울러메고 풀을 베러 다녔다. 아버지는 모를 심거나 김을 매야 하고, 형은 솔가리를 긁으러 산에 간다. 일손이 모자라는 농촌에서는 어려도 제 밥값을 해야했다.

그 나이 또래였던 나는 곧잘 그 아이들 꽁무니를 따라다녔다. 아이들이 풀을 베러 다니던 숲은 작은 시내를 끼고 있었는데, 시내를 가로질러 신작로가 나 있었다. 한쪽은 읍내로 가고 반대쪽은 풍각장터로 가는 길이었다. 닷새마다 서는 장날이면 마을사람들은 물론 윗동네 대산골 사람들도 그 냇물을 건너서 장으로 갔다. 그들이 지고 가는 지게 위에는 큼지막한 쌀자루나 올망졸망한 잡곡자루 같은 것이 실려 있었는데, 더러는 팔다리가 묶인 돼지가 지게 위에서 꿀꿀대고, 두 다리가 묶인 닭이 날아가려고 푸드득거리기도 했다. 냇물에 발을 담그고 가는 사람 오는 사람들을 구경하는 일은 집에서 하는 소꼽놀이보다 몇 갑절 재미가 있었다. 장날이 아니라도 풀밭에 앉아 흘러가는 구름을 보고 있으면 나도 어느새 구름을 타고 두둥실 떠다니고 있었다.

그날따라 나는 낫을 쥔 아이 옆에 바짝 붙어 있었다. 대여섯 명이나 되는 아이들이 옆으로 나란히 줄을 섰으니 고샅길은 팔과 팔이 맞닿을 정도로 비좁았다. 시퍼렇게 날이 선 낫이 아이의 걸음따라 위로 올라갔다 아래로 내려갔다 하면서 아슬아슬하게 내 손을 비켜갔다. 몸을 빼야 한다면서도 선뜻 그 대열에서 벗어나지 못하고 있었다. 마치 집에 불이 나도 달아나지 않고 문고리를 잡고 있던 그때의 미련함과도 같았다. 낫을 든 아이가 팔을 크게 휘젓는 순간 내 손가락에 전류가 흘렀다. 손은 순식간에 피로 물들었다.

아이들에 둘러싸여 집으로 갔다. 어머니는 앞치마를 북북 찢어 된장 한 숟갈을 떠놓고 손가락을 싸맸다. 상처에 짠 된장이 닿는 순간 얼마나 기겁했는지 모른다. 그때 된장 사이를 비집고 나온 생살은 녹두알만한 혹이 되어 지금도 내 왼손 약손가락에 흉터로 남아 있다.

심우도尋牛圖라는 그림이 생각난다. 소 발자국을 따라 소(참나)를 찾아가는 것으로, 흔히 절간의 벽면에서 그 그림을 만나게 된다. 심우도처럼 모천을 거슬러 올라가는 내 기억의 발자국은 그러나 불이 난 세 살에서 멈추고 만다.

발달된 현대과학은 최면을 이용해서 태아 때의 무의식 세계를 끄집어낸다고 한다. 그러니 영아기의 기억을 되살리는 것도 어려운 일은 아닐 것이다. 아니, 과학의 힘을 빌릴 것도 없이 어머니, 모성은 그 일을 가능하게 한다.

아이를 낳아 기르면서 나는 기억 뒤에 묻힌 영아기의 이야기를 찾아내게 되었다. 온몸의 힘을 입으로 모아 어미의 젖을 빠는 아이를 보면서, 내 이마에 맺힌 땀을 닦아주시던 어머니의 따뜻한 손길을 느꼈고, 내 아이가 건강하고 바르게 자라기를 바라는 기도는 어린 나를 향한 어머니의 간절한 염원을 감지하게 했다.

나는 지금 모천으로 돌아가고 있다. 유년 이전의 세계로, 살면서 잃어버린 나를 찾아 본래의 자리로 돌아가고 있다. 모천으로 가는 여행만큼 편안하고 행복한 여행은 없지 싶다.

1997

■ 연보

• 약력

1931년	경북 청도에서 아버지 韓光愚와 어머니 金必貴의 셋째 딸로 태어나다. 여섯 살 되던 해 대구로 이주, 남산초등학교와 경북여고를 나오다. 피난간 청도에서 '각남초등학교'와 경북 상주에서 '중모중학교' 교사를 지냄. 문학에 관심을 갖게 된 것은 초등학교 2학년 때부터인 것 같다. 새 살 위인 큰언니가 책을 소리 내어 읽어 주었는데 '히라가나ひらかな'를 익히게 되면서 책이라면 닥치는 대로 밤을 새우며 읽었다. 소화도 안된 글들로 해서 머리가 붕 떠 있었다.
1956년	국가대표 야구선수인 허정규와 혼인하여 상경, 환, 애경, 은경, 철 4남매를 두다.
1973년	공채로 민중서관 입사. ≪이희승 국어대사전≫과 ≪일한사전≫ ≪한일사전≫ 편찬에 참여한 것이 글쓰기의 자산이 된 듯하다.
1990년	예순이 되자 내 인생이 이렇게 끝나는가 하는 생각이 한국일보 문화센터의 '박연구수필교실'을 찾게 하다.
1992년	'수필공원(현 에세이문학)'에서 〈감〉으로 등단.
1998년	첫 수필집≪전화여행≫출간.

1999년	제17회 현대수필문학상 수상.
2003년	수필집≪아들네 집에 자 주러 갔다가≫출간.
2005년	수필로 글 읽기≪둘이 하나되어≫출간.
2006년	역사 탐방≪백제불교의 원류를 찾아서≫출간 (문예진흥원 우수문학도서로 선정되다)
2009년	수필선집≪모천으로 돌아가다≫출간.

현대수필가 100인선 · 82
한계주 수필선
사랑만 하다 가기도 짧은 인생을

초판인쇄 | 2010년 9월 5일
초판발행 | 2010년 9월 10일

지은이 | 한 계 주
펴낸이 | 서 정 환
펴낸곳 | 좋은수필사

주 소 | 서울시 종로구 익선동 30-6
운현신화타워 빌딩 3층 305호
전 화 | 02)3675-5635, 063)275-4000
등 록 | 1984년 8월 17일 제28호
홈페이지 | http://www.shinapub.com
e-mail | essay321@hanmail.net

값 7,000원

ISBN 978-89-5925-351-7 04810
ISBN 978-89-5925-247-3 (전 100권)